CONTENTS/INDEX

〈海域別クルーズ〉

〈クルーズ・ライフ〉

〈ピースボートの地球一周〉

〈その他〉

※A 〜 C は DVD のメニュー番号

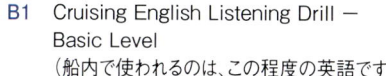

シップデータの読み方

世界中で建造される大きな船（軍艦などは除く）は、ロイド船級協会という国際機関で、その設計・建造から完成後の検査まで、重量や船の長さや速度などの諸データが管理されています。そこに登録された数字を基礎にして、船の保険料の他、入出港税や運河の通航料金などが算出されるのです。ただし、各クルーズ会社がパンフレットなどに使うクルーズ船のシップデータ（主要目）は、それとは異なる場合があります。

この本では、シップデータを次のように表示しています。

船名　乗客／乗組員　セルフサービス·ランドリーあり　チャペルあり

【049】Carnival Pride

88,500tons　293.52×32.2m　2,124／910人　15　Finland

総トン数　船の長さ × 幅　エレベーターの数　造船国

◆総トン数

船の大きさを知りたいなら、まずこの総トン数に目を付けましょう。船のトン数には、いろんな種類がありますが、総トン数は船の容積を基にした数字なので、まさしく大きさを示しているのです。

ところで、トン数の大きさは、船の品格や気品のあるなしとは関係ありません。たとえば「シーボーン・スピリット号」（10頁）は10,000トンですが、ダグラス・ワード著『Complete Guide to Cruising & Cruise Ships 2011』では★★★★★の評価を受けています。

◆船の長さ×幅

これで、船の揺れ、すなわち船酔いの心配の程度が判断できます。まず長さですが、太平洋や大西洋、インド洋などの外海を航海するときでも、270m以上あると、普通は前後方向の揺れ（ピッチング）はないとされています。もっとも、南極旅行の途中、アルゼンチンの遥か南方海域を通過するときには、300mはあった方が良いという説もあります。

次に幅（ビーム）ですが、これが大きいほど、左右の揺れ（ローリング）は少なくなります。でも、あまり幅が広いと、パナマ運河を通れません。ところで、船酔いが心配な方は、船の幅を気にするよりも、なるべく低い階（水面に近いデッキ）の、しかも船の真ん中寄りのキャビンをお勧めします。（このお話は22頁で詳しく）

◆乗客／乗組員

ここで示している乗客数は、各キャビンの床の上にあるベッドが満席になったときの定員です。もっと多い、エキストラベッド（13頁）まで全て使用したときの数ではありません。

乗組員1人当たり何人の乗客を世話するのか（これを仮にサービス係数と呼びます）で、そのクルーズ船の格式が判定できるという説があります。一応、参考にはなるでしょう。この本で紹介する船を見ると、サービス係数は1.3～2.8人くらいまで、かなり差があります。なお、サービス係数1.0人（乗組員数と乗客定員が同人数）のクルーズ船は高級ヨット以外、海の船旅にはありません。

◆エレベーターの数

当然ですが、台数が多いほど、乗客は船内を速く楽に移動できます。また、バリアフリーの観点からも優れています。

◆セルフサービス・ランドリーとチャペルの有無

「洋上でのお洗濯」（24頁）と、「結婚するって、本当ですか?」（42頁）をご覧ください。

◆造船国

ライン-ドナウ河より北の国でつくられたクルーズ船では、身長170cm以下の男性は、ビールを飲んだ後など、ある種の挫折感を味わう場合があります。なお、女性は一切その心配はありませんので、念のために。

◆建造年

この本では、建造年を示していません。古くても、よく手入れされていて風格を漂わせている銘船もあれば、新しいものの中には不燃建材の見本のような船もあるからです。それに、古今東西を通じて、女性の年齢を“航海”するのは失礼なこととされていますので。

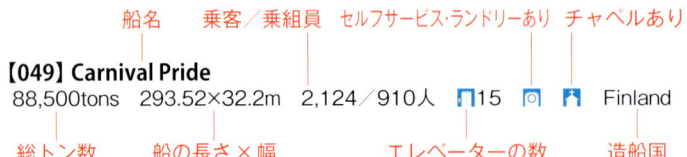

華麗なるクルージング 海の船旅

渡邉 八郎 著

【002】Carnival Splendor
113,300tons 290.2×35.36m
3,006／1,150人 18 Italy

KAIBUNDO

【006】Carnival Magic
130,000tons　306.00×37.19m　3,690／1,386人　15　Italy
Carnival Cruise Lines／アンフィトリオン・ジャパン㈱ 03-3832-8411

【003】Ruby Princess
113,561tons　290.0×36.0m　3,114／1,200人　14　Italy
Princess Cruises／㈱クルーズバケーション 03-3573-3601

【007】Seven Seas Voyager
42,363tons　204.0×28.8m　700／447人　6　Italy
Regent Seven Seas Cruises／㈱PTS リージェントオフィス 03-6228-6516

【004】Pearl Seaways
40,012tons　176.8×29.6m　2,100／125人　4　Finland
DFDS Seaways／ネットトラベルサービス 03-3663-6804

クルーズって、どんな旅ですか？

重いカバンを引きずって歩かないでも、荷物はキャビン（客室）に置いて、その船に乗ったままで世界各地を訪れることができる旅のことです。

信じられないくらい安価な料金のキャビンが、各客船ごとにたくさん用意されていることも、最近の豪華客船の特徴になっています。

一口にクルーズといっても、クルーズには

海の船旅
河の船旅
水路の船旅（イギリス）
バージ（はしけ）の船旅（フランス）

といろいろありますが、この本ではまず、海の船旅について書いています。

さてこの本では、クルーズとは

船の中に寝泊まりしながら
数日かそれ以上かけて
船の内・外で楽しみながら
世界の各地・各港を巡る

こんな船旅と考えているので、レストラン船や、数時間の遊覧船の旅などは含まれません。

泊単価（一泊当たり単価）

この本では、クルーズ料金の高い安いを比較するために、泊単価という言葉をよく使います。例えばあるキャビンでの7泊8日のクルーズ料金が３９９ドルだとすると、３９９÷７＝57で、そのキャビンの泊単価は57ドルというわけです。実はこれは実際の価格です。この本で大型客船での代表的クルーズの一つとして取り上げている、カーニバル・クルーズ・ライン社（以後カーニバル社）のカーニバル・スプレンダー号でメキシコを巡る（ロサンゼルス港発着）クルーズ料金〔注1〕で、この57ドルには運賃も宿泊料も３度の食事代も入っています。

外国船でのクルーズには、こんなに安いキャビンがたくさん用意されています。（もちろん、海の見えるバルコニーや、リビングルーム付きの、ちょっと値の張るキャビンもありますが…）

２０１１年、日本からの外国船クルーズが増える！

日本から外国船のクルーズに参加するときには、クルーズ料金以外に発着港までの交通費が必要です。

ところが２０１１年から、日本または上海〔注2〕を発着港とする外国の大型客船のクルーズが大幅に増えました。コスタ社は博多港発着の定期クルーズの運航を始めましたが、なんと、この泊単価は大人１人１万１２００円〔注3〕から。その上、同伴の18歳未満のお子様２人は無料。食べ盛りなのに！　本当に？　他の会社のクルーズとも合わせて、この後で詳しく紹介しています。

〔注1〕内側キャビンを2人で利用時の1人料金
〔注2〕上海⇔大阪はフェリーで2泊の近距離
〔注3〕最安シーズンのいちばん安いキャビンの泊単価

【008】L'Austral
10,700tons　142×18m　264人／140人　3　Italy
Compagnie du Ponant／マーキュリートラベル㈱ 045-664-4268

【005】Seabourn Pride
10,000tons　132×18.9m　208／164人　3　Germany
Seabourn Cruise Line／㈱パシフィックリゾート 03-3544-5505

【012】Tu Moana

2,677tons　69.1×13.8m　40／40人　Australia
Nomade Yachting Bora Bora／㈱オーシャンドリーム 042-773-4037

【009】Oasis of the Seas

225,282tons　360.0×64.0m　5,400／2,164人　12　Finland
Royal Caribbean International／㈱ミキ・ツーリスト 03-5404-8813

【013】MSC Splendida

133,500tons　333.3×38.0m　3,300／1,313人　14　France
MSC Cruises／㈱MSCクルーズジャパン 03-5405-9211

【010】Insignia

30,277tons　181.0×25.5m　684／386人　4　France
Oceania Cruises／㈱ティーアンドティー 03-6794-1320

総トン数　船の長さ×幅　乗客／乗組員　Elevator　Self-Service Laundry　Chapel　造船国　クルーズ会社／代理店 電話番号

この本には、何が書いてあるのですか?

世界にはどんなクルーズ会社があって、どんなクルーズを提供していて、日本からそのクルーズを利用するにはどうすればよいのか。それを、ＤＶＤの映像と、写真と文章でお伝えしているのがこの本です。

添付のＤＶＤは、よくあるプロモーションＤＶＤではありません。外国のクルーズに一個人旅行者として参加すると、船内ではこの程度の英語が交わされていて、こんなシーンを目にしますよ、と著者が書くつもりで撮った映像です。これを観るだけで、海の船旅のあらましは理解していただけると思います。この際、撮影が稚拙なことはお許しください。

なぜ外国船なのですか?

外国のクルーズ船では、少しでも早く安全に目的地に着くという本来の目的以外に、船内で楽しく過ごせるように各種のエンターテイメント施設を充実させています。船が大きいほど、みんなで楽しめる共有スペースは広くなり、10万トンをはるかに超える大型客船の中はもう陸上のテーマパーク以上との評判です。

キャビンの半数は低価格の内側キャビンで、ＤＶＤに写っている1週間のクルーズが３９９ドルです。これは早割り価格ですが、食事などは３９９ドルに含まれています。

クルーズの内容が充実していて、リーズナブルな価格のキャビンがたくさんあることこそ、外国船クルーズの命、と私は考えています。安ければ、リピート客も増えてクルーズ人口も増え、クルーズ会社はさらに大型客船を建造します。安価な客室とは別に、自分のキャビンから、ひねもす海を眺めて優雅に暮らす、少し値の張る客室があっても、それはそれで結構ですが、高価な客室しかない船というのはちょっと困る、いや私はたいへん困ります。

でもこの世界、大型客船だけではない

アメリカ・メキシコ沿岸のクルーズでは豪華客船が人気です。とても楽しくて、安いから。でも、入りくんだ陸地や島も多い地中海・北欧沿岸へは、小粋でおしゃれな中・小型クルーズ船を選ぶ人が多いようです。船が小さいと、あちこちに寄港できて、ちょこちょこ上陸するのにも便利ですから。その代わり、大型客船よりクルーズ料金がやや高いのが難点でしたが、ここにも低価格化の波が…。

この本では、世界の海を海域別に分けて、クルーズにまつわるお話と共に、どちらかというと、低価格クルーズにスポットを当てて紹介しています。

ではどうぞ添付ＤＶＤからご覧ください。

ボン・ヴォヤージュ、船旅の平安を祈る!

【014】Costa Classica

52,926tons　220.61×30.80m　1,308／590人　8　Italy
Costa Cruises／㈱オーバーシーズ・トラベル 03-3567-2266

【011】Silver Spirit

36,000tons　195.8×26.5m　540／376人　6　Italy
Silversea Cruises／インターナショナル・クルーズ・マーケティング㈱ 03-5405-9213

◎西洋クルーズ史・その夜明け前

17世紀に入ると、英国は、アメリカ大陸での広大な農園の維持やタバコの栽培などに、アフリカ大陸からたくさんの黒人奴隷を送り込みました。

一方、英国本土では、ジェームズ一世がピューリタン(清教徒)への弾圧を強め、また何かにつけて伝統を振りかざす社会の束縛から逃れたいと考えた人々は、居住地域ごとに仲間を集めて船を仕立て、アメリカ大陸への移住を図りました。

当時は木造の帆船の時代で、しかも英国本土には奴隷はいなかったので、漕ぎ手はなし。もっぱら風(帆)と潮(海流)まかせ。アメリカ大陸のどこに着くかは神まかせ。移民船は広く米国西海岸一帯に流れ着いたと伝えられています。

その移民船がアメリカ大陸で接岸できて乗客を無事に降ろし、さらに英国の母港に無事に帰り着ける生還確率は、初期は25〜30%くらい(往路だけなら50%)でした。

◎メイフラワー号の船出

その後、造船技術も航海技術も徐々に改善されて、往路の成功率がおおよそ80%くらいに達したころ、英国のプリマス地方に住んでいた人たち約50人が、メイフラワー号なる船でアメリカ大陸に向けて船出しました。メイフラワー号は無事ボストンの南にたどりつき、無人の新天地に降り立った人々は、その土地もプリマスと呼んで集団生活を始めました。今のアメリカの地図で、よ〜く探してみてください。ボストンのちょっと南の海岸沿いに、小さい字でプリマスの街の名が載っているはずですよ。

◎クルーズの誕生

ところで、《第1幕》《第2幕》《第3幕》と順調に発展してきた西洋の客船の歴史ですが、第1次、第2次世界大戦の戦禍からやっと立ち直ったと思ったら、大西洋航路は今度はボーイング707ジェット機を中心とする空路にお客を奪われ、やむなく西洋の客船は地中海や北欧海域でのクルーズに活路を求めたのです。そのとき、アメリカ沿岸にはクルーズを楽しむ、という風習はまだ無かったのですが、1986年頃にニューヨーク発カリブ海行きのコースを開拓し、アメリカでクルーズの火を点けたのはオセアニック号という船でした。そのとき、この船はディズニー・カラーに塗られていました。その後、新鋭船に押し出される形で地中海海域に回り、さらに2009年からはピースボートで地球一周のクルーズ船として活躍していますが、オセアニック号のお話は、また後で…。

なお、現在は大西洋を横断するクルーズ船の定期航路はなく、各社がときおり運航しています。詳しくは19頁をご覧ください。

画:ヤマサキタツヤ

《第1幕》1620年、メイフラワー号の船出

お父さんのカバンは、向こうで始める仕事の道具類で一杯。お母さんのバッグも着替えや食糧などでパンパン。

それで、お婆さんがせっかく用意した、ヨーロッパ文化と英国の伝統の詰まった2つのカバンは後に残していきました。後で取りに来るからね、と言い残して。

でも実際にそれを取りにきたのは、どなただったでしょう？ 日本のみなさんもよくご存じのある方ですが…。

《第2幕》タイタニック号の悲劇

冷蔵技術が未熟なこの頃、航海中の食材の保存は大問題。当時の英国海軍では、生きた牛や豚、鶏を軍艦に積み込んで、航海中、必要に応じてさばいて提督や士官用の食事に供していました〔注〕。これなら、肉も卵も腐りません。タイタニック号では、まさかそれはできないので、船長はなるべく寒い北寄り航路をとり、それが氷山に衝突する遠因となりました。

〔注〕『大帆船』スティーヴン・ビースティー画、北森俊行訳、岩波書店、1994年初版より

《第3幕》大西洋ブルーリボン賞の記録

船体が鉄製になり、エンジンが帆に取って代わると、人々の船に対する関心は生還率からスピード競争へと移りました。大西洋横断の船はオーシャンライナーと呼ばれ、毎年アメリカ大陸・西海岸と英国間の片道所要時間のいちばん短い船に、ブルーリボン賞が与えられました。最盛期には大小160隻ものオーシャンライナーが活躍しましたが、以下は、東行き便のブルーリボン賞の抜粋です(カッコ内は平均速度)。

1838年	シリウス号(英)	700トン	10日	(6.9ノット)
1900年	ドイッチュラント号(独)	16,500トン	5日 7時間38分	(23.4ノット)
1952年	ユナイテッド・ステーツ号(米)	53,300トン	3日10時間40分	(35.6ノット)

◎ニューイングランド地方

自由と新天地を求めてヨーロッパから移住してきた人たちが住みついたのは、鬱蒼とした森に覆われたピースフルな土地で、冬季は寒冷なため先住民がほとんど住んでいないことも幸いしました。人々はその後、徐々に生活空間を広げてゆき、やがてボストンという港町までつくりました。

英国からの移民ジョン・ハーバードは、そこに大学をつくり指導的立場をになう白人を育てました。卒業生たちはやがて指導者になり、そこはマサチューセッツ州にまで発展していきました。そしてプリマスからボストンにかけての地は、誰言うともなくニューイングランド地方と呼ばれるようになりました。

◎素晴らしい秋の景色

私は現役時代の数年を、その地方で過ごしました。短期ですが、ちょこちょこと。広大な森の秋の黄葉、紅葉は素晴らしいと感じました。最近は西洋の人もこの素晴らしい秋景色に魅せられたようで、この辺りのクルーズが増えています。ただし、北部は冬季、水辺が凍結するので、観光に適した期間は短いのです。海からセントローレンス河を遡る観光コースには、河だけのクルーズ船とニューヨーク方面からはるばる海路を遠征してくるやや大型の海洋クルーズ船の両方が、乗り入れています。また、ここはロブスターの名産地として知られ、かつてはロブスター食べ放題を売り物にする北欧系のクルーズもありましたが、今はディナーにロブスターの次男のようなのが、ときどき出るだけのようです。

ここでは、海から乗り入れてくるプリンセス・クルーズ社のクルーズを紹介し、河船の方は「河の船旅編」に譲ります。なお、海と河の両方を楽しめるクルーズには、この他に南米のアマゾン河のクルーズがあります。

◎プリンセス・クルーズ社

プリンセス・クルーズ社には、品格あふれる船（ラグジュアリー船）と上品な船（プレミアム船）とがあるというのが定評ですが、私はその違いがよく分からないので、それらを一緒にして上品で品格ある船、と呼んでいます。

「紅葉のカナダ／ニューイングランド」クルーズの例

プリンセス・クルーズ
クラウン・プリンセス号(64頁)

日	寄港地など	着	発
1	ニューヨーク	午後乗船	19:00
2	ニューポート	7:00	16:00
3	ポートランド	11:00	19:00
4	ボストン	7:00	16:00
5	セント・ジョン	9:00	17:00
6	ハリファックス	10:00	19:00
7	シドニー	10:00	19:00
8	シャーロットタウン	8:00	17:00
9	海上航海の後セントローレンス河を遡上		
10	ケベックシティ	7:00	船中泊
11	ケベックシティ	午前下船	

運航予定 2011年9月14日～24日

内側 $1,499～　バルコニー付 $2,449～

まんぼう情報をご参考に
上記の逆も、7泊、12泊コースもあります

クルーズ代理店　㈱クルーズバケーション
電話 03-3573-3601
（その他の就航会社と代理店は19頁参照）

飛び出すタイタニック号（POP-UP ブック）Martin Jenkins 他、Walker Books、出版年不詳、£16.99、丸善名古屋で購入

◎40隻を超えるクルーズ船が集中するカリブ海

・カリブ海海域（年間を通して）
・地中海海域（夏季が中心）
・アラスカ（秋季の紅葉・氷河ツアー）

これが世界の三大クルーズ海域ですが、ある統計によると全世界のクルーズ客の70％が、カリブ海海域に集まっているそうです。でも、ここカリブ海には海賊の伝説はたくさんありますが、観るところはあまりありません。そこでクルーズ会社は巨大な船を造り、その中にテーマパークをも超えるアミューズメント施設を用意して、乗客は船の中だけでもエンジョイできるよう工夫を凝らしました。それがカリブ海対応の豪華客船です。ですから、風光明媚な地中海海域には無用の船かもしれません。

◎メジャーはカーニバルとロイヤル・カリビアン

このカリブ海域には、世界のクルーズ会社のほとんどが乗り入れていますが、そのメジャーはカーニバル・クルーズ・ライン（以下カーニバル）とロイヤル・カリビアン・インターナショナル（以下RCI）の2社。それに続くのはコスタ・クルーズとプリンセス・クルーズ、さらにそれをホーランド・アメリカ・ラインが追っているという図式です。そのRCI社は、超豪華客船とも言える22万トン級（乗客５４００人）を2隻と、16万トン級（乗客３６００人）の豪華客船を3隻、ドカン！とここに投入しました。

一方、カーニバル社は、保有する10万トン前後（乗客約２６００人）の豪華客船23隻の大半をこのカリブ海とメキシコ湾海域に投入し、40コース以上のクルーズを提供しています。こちらは各船の大シアターを陸上の大劇場の設備並みに改め、ショーに限らず生演奏など一切のプロデュース（演出からアーティストの派遣まで）を米国の大手芸能プロダクションに委嘱して、ブロードウェーやラスベガス並みにその内容を充実させたのが大成功しました。カーニバルの船内に流れる音楽はいつも生演奏で、その一部は添付のDVDに収録してきました。

◎なぜカリブ海域に観光客が集中するの？

ここを訪れるのは主に南・北アメリカ大陸からの観光客です。米国東海岸の北部ボストンや五大湖地方にあるデトロイト、シカゴなどの大工業都市に住む人たちは、そこが寒冷地だということもあって、以前から避寒・避暑（注）に出掛ける習慣がありました。そこに安くて存分に楽しめそうなカリブ海クルーズが登場し、参加してみたら結構楽しかった。で、翌年もまたフロリダに来て、今度は違う船に乗ってみよう、とリピート

世界最大の豪華客船で行く西カリブ海クルーズの例（7泊）

ロイヤル・カリビアン・インターナショナル
オアシス・オブ・ザ・シーズ号（3頁）

日	寄港地など	着	発
1	フォート・ローダデール		17:00
2	―航海―		
3	ラバディ	8:00	17:00
4	ファルマス	10:00	18:00
5	―航海―		
6	コスメル	8:00	19:00
7	―航海―		
8	フォート・ローダデール	7:00	

隔週土曜出港（アリュール号は隔週日曜）

内側 $729～　バルコニー付き $949～

あとは、まんぼう情報をご参考に

クルーズ代理店　㈱ミキ・ツーリスト
電話 03-5404-8813

ニューヨーク発着 東カリブ海周遊の一例（7泊）

カーニバル・クルーズ・ライン
カーニバル・ミラクル号（60頁）

日	寄港地など	着	発
1	ニューヨーク		16:00
2～3	―航海―		
4	サンファン	15:00	23:59
5	セントトーマス/セントジョン	7:00	16:00
6	グランドターク	13:00	19:00
7	―航海―		
8	ニューヨーク	8:00	

2011年5月22日　6月23日　7月17日　8月18日

内側 $819～　バルコニー付き $1,149～

あとは、まんぼう情報をご参考に

クルーズ代理店　アンフィトリオン・ジャパン㈱
電話 03-3832-8411

客が増え、うわさを聞いて訪れる新規客と合わせて、年々観光客は増えているという訳です。

〔注〕高緯度に住む人は、夏季の強い日差しが恋しいのです。

◎どんなクルーズがあるの？

両社のカリブ海でのクルーズ例を、右頁に一つずつ紹介しました。ＲＣＩ社のほうは、22・5万トンの世界最大の超豪華客船の例ですが、船はできるだけゆっくり航行して、8日のクルーズ中に3日の終日航海日を設けています。どうか、そこで3日間ゆっくり楽しんで、たくさん船内で贅沢してください、ということでしょうか。

対するカーニバル社のほうは、ニューヨークから出港してカリブ海まで連れて行ってくれるコースを紹介しました。クルーズ料金は泊単価で見ると少し高めですが、同社のホームページ（もちろん英語）にはこの半額くらいの掘り出し物がよく出ます。まんぼう情報でも紹介してくれますが、なにしろ全世界で見られていますから、掘り出しクルーズは直ぐに売れてしまいます。

カリブ海海域に就航しているこの他のクルーズ会社については、19頁をご覧ください。

◎あのディズニー社がクルーズ業界に進出

遠いのでカリブ海は日本人には馴染みがありませんが、あのウォルト・ディズニー社が綿密な市場調査の末に、クルーズ業界に本格参入を始め、いまではミッキーマウスの頭をエンブレム（昔の煙突）に描いた船が3隻も運航しています。しかも、２０１１年１月にディズニー・ドリーム号が投入されてからは、それで浮いた2隻の船で、北米西海岸（アナハイムのディズニー・リゾートに近い）やアラスカや地中海クルーズ（フランスにはディズニーランドがある）に進出しています。図らずも、クルーズの3大市場にミッキーマウスの船が乗り出したわけです。

これで浦安のディズニー・シーの岸壁に、いつでもディズニーの豪華客船が立ち寄る態勢はできたという人もいます。港の浚渫工事が必要ですが、それくらいは五洋建設〔注〕なら左手でもできる簡単な仕事です。

〔注〕五洋建設は水野組時代から、スエズ運河の困難な浚渫工事を任されたりもした、この業界の世界的なエキスパートです。

◎ディズニーの船内風景

ここの船内での主役はあくまで子供。お父さんは子供の後を追うだけです。クレジットカードだけしっかり持って。船内は、それこそディズニー・カラー一色で、たとえば船長主催のウエルカム・ディナーでは、男の子はミッキーの被り物を頭に、女の子はシンデレラ姫のコスプレで臨めばもう最高！ これに対して、日本のお母さんはいつものいでたちのままで結構だそうです。なんでも、それだけで子供からは魔女に見えるんですって！

◎プライベート・アドベンチャーランドを建設

ディズニー社は、カリブ海の北部に小島を確保して、そこにキャスタウェイ・ケイという名の専用のアドベンチャーランドの建設を始めています。昔、白鯨を追っていた海洋探検家が嵐に遭ってここに漂着した、とのディズニーお得意の創話に因む島だそうで、私が２０１０年秋に訪問した時には、すでに船は半日程度の寄港を始めていましたが、完成まではもう10年くらい掛かりそうです。

◎クルーズ・チケットの予約方法も独特です

ディズニー・クルーズに日本のクルーズ代理店はありません。ディズニーランド関連の旅行商品を扱っている、郵船トラベルのクルーズセンター〔注〕から、若干割高になるのは承知の上で円建てで購入するか、ドル建てなら航程表に書いたような方法で入手します。

〔注〕よく似た名前の郵船クルーズは、ディズニーの船は扱っていないので、お間違いのないように。

〈ウォルト・ディズニー社の市場調査のやり方〉

①1987年頃オセアニック号〔注1〕とアトランティック号を借り、広い洋上の保育園をつくったり家族旅行向きに改装した上で、フロリダ半島からバハマ海域へテスト運航開始（デルタ航空やグレイハウンドバスとの共同経営）

②フロリダ半島のディズニーワールドとクルーズをセットにして$400で売り出したところ旅行客の心をとらえ、ディズニー・クルーズ社を興し自社船の建造を決意

自社船の建造と、プライベートビーチの建設

③1998年　ディズニー・マジック号（8.5万トン、乗客1,750人〔注2〕）を初就航

④1999年　ディズニー・ワンダー号（8.3万トン、乗客1,750人）を追加就航
10年以上2隻で運航してみて、いろいろなノウハウを蓄積した上で

⑤2011年　ディズニー・ドリーム号（12.8万トン、乗客2,500人）を追加就航
2011年のシフト　ドリーム/マジック：主にカリブ海　ワンダー：米国西海岸

〔注1〕この船は保育園もそのまま残して、現在もピースボートが地球一周クルーズに使用中
〔注2〕下段ベッドのみ使用時の乗客定員

このコラムはLA MER誌No.201に掲載された西村慶明氏の「先端デザインのクルーズ船オセアニック」を参考にしてまとめました。LA MERは（財）日本海事広報協会発行の隔月刊の雑誌。定価700円、書店取り寄せ可。各港町の猫の写真が載ることもあります。

新造船でバハマへ4泊クルーズの例
（ディズニーではカリブ海北部海域をバハマと呼ぶ）

ディズニー・クルーズ・ライン
ディズニー・ドリーム号

日	寄港地など	着	発
1	ポートカナベラル（フロリダ州）		16:00
2	ナッソー	9:30	18:00
3	キャスタウェイ・ケイ	8:30	16:30
4	―航海―		
5	ポートカナベラル	7:30	

ほとんど年間連続運航

内側 82,000円～　バルコニー付き 101,000円～
〔郵船トラベル㈱が日本国内で販売する価格
ポート・チャージ、船内チップ、諸税を含む〕

他に3泊・5泊・7泊・9泊コースもあり

この会社はクルーズ代理店を置いていないので、ドルでの購入はネット利用（英語）か、まんぼうさんに相談する

〔参考〕このパック旅行は**完売**しました

2011年新造船 ディズニー・ワールド号

1	成田発（10:00～14:00）
2	オーランド（14:00～20:00）
3～6	ディズニー・ワールド号でカリブ海クルージング（4泊）
6～7	ディズニー・ワールド・リゾート滞在
8	ホテル発（4:30～7:30）
9	成田着（15:00～17:30）

出発日　2011年4月30日（9日間）

バルコニー付きキャビン 389,000円
同室の3～12歳 298,000円

企画：郵船トラベル㈱クルーズセンター
電話 03-5213-9987

ディズニーの
USA発クルーズ
2012年4月
出港分より
大拡張！
詳しくは
旅行代理店へ

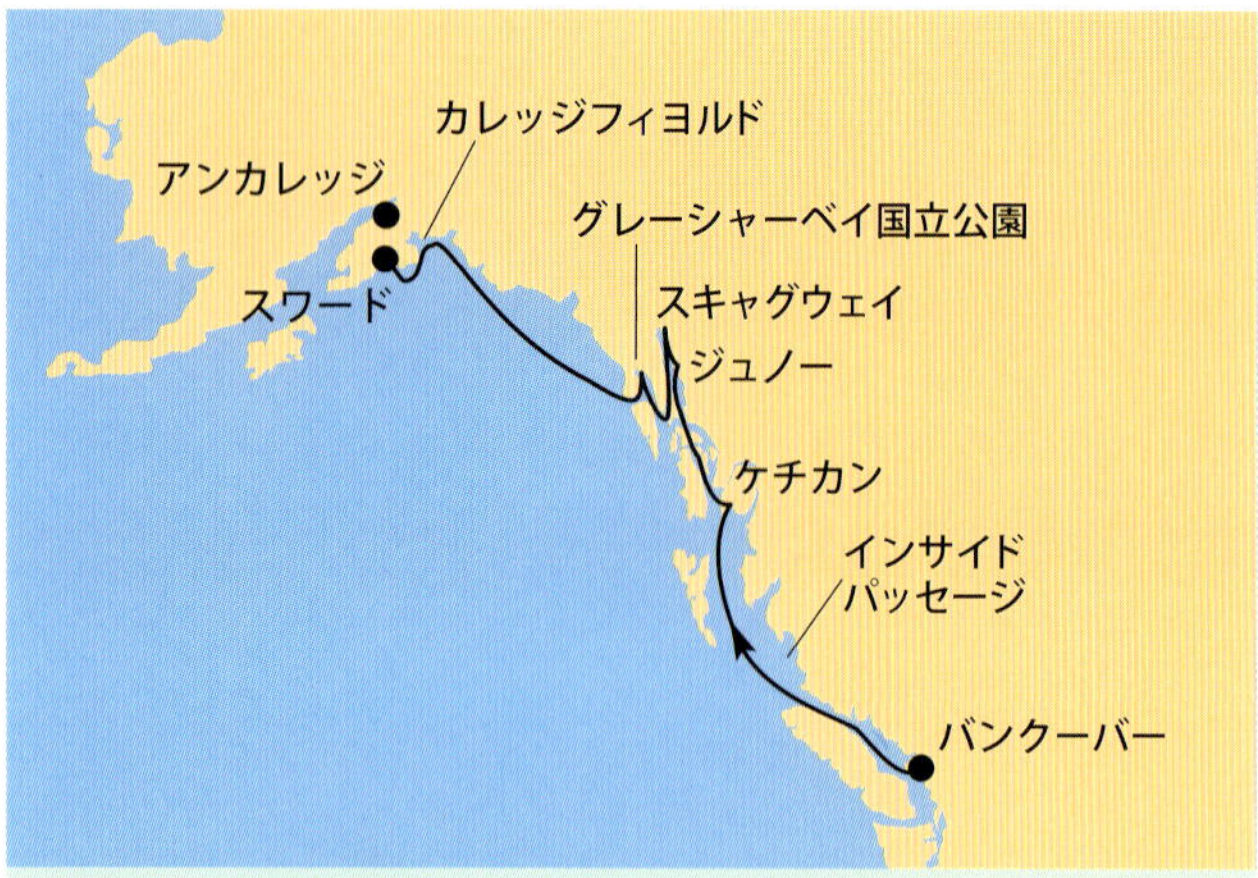

グレーシャー・ディスカバリーの例（7泊）

ホーランド・アメリカ・ライン
ザーンダム号（63頁）他

日	寄港地など	着	発
1	バンクーバー		17:00
2	インサイドパッセージ		
3	ケチカン	7:00	15:00
4	ジュノー	8:00	22:30
5	スキャグウェイ	7:00	21:00
6	グレーシャーベイ国立公園	7:00	16:00
7	カレッジフィヨルド	17:00	20:00
8	スワード（アンカレッジ）	6:00	

（この逆コースもあり）

運航予定
5月15、22、29日　6月5、12、18、26日
7月3、10、17、24、31日　8月7、14、21、28日
9月4、11、18日

内側 $699〜　ベランダ付き $1,999〜

まんぼう情報をご参考に

クルーズ代理店　㈱オーバーシーズ・トラベル
電話 03-3567-2266

アラスカ海域のクルーズは、やや開拓が遅れていた感がありましたが、この3、4年で人気が急上昇しています。とくに熟年リピーターにアラスカを選ぶ方が多いそうです。

3大海域の特徴を大胆に挙げると

◆**カリブ海**（ロサンゼルスからのメキシカン・リビエラも）では、豪華客船の船内と外のトロピカル風情を楽しむ

◆**地中海**では船上からの陸地の眺めにうっとりし

◆**アラスカ**では涼しい所で大自然に目を細める

となるかと思いますが、この大自然に氷河トレッキングとか、素朴なアラスカ鉄道体験とか、豪快な鮭釣りとかをトッピングすると、もう日本人の心を捉えて離しません。でも手間ひまがかかるそのトッピングのお世話をきめ細かくサポートしてくれる旅行社なんてこれまで無かったのですが、最近、それを引き受けてくれる、しかも日本語メールで相談できるHAIしろくまツアーズという旅行社を見つけました。別掲のコラムをお読みください。このしろくまさんは、アンカレッジに30年以上も住んでいて、自らアウトドア生活を満喫しています（薪ストーブにしがみついているしろくまなんていませんから、当然かもしれませんが）。私は、しろくまさんとはメル友ですが、信頼しています。豪快ながら誠実で、言葉づかいもていねいで、私がメールで「ところで、鮭は1匹いくらくらいするのですか、教えて」とメールすると、5分くらいで「いつも河で捕まえてくるので、値段は分かりません」と返信がきます。まるでチャットです。こんな人は初めてです。あなたも、しろくまさんのお世話になって、お好みのアラスカ・クルーズを作ってみてはいかがですか。

なお、いつも派手な新聞広告を出して驚かせるあの阪急交通社がアラスカ・クルーズを料理してどんなパック旅行として提供したかを紹介しておきます。

2011年5月28日(土)出発

	内側ツイン UN6051-12	海側ツイン UN6053-12	海側バルコニー付 UN6055-12	海側ミニスイート UN6057-12
コース番号 UN605-12	308,000円	368,000円	388,000円	428,000円
おひとり部屋追加代金（相部屋不可）	70,000円	110,000円	150,000円	190,000円

■旅程

日程		国名	スケジュール	朝	昼	夕
1	2011年 5/28 (土)	日本	14:00〜15:00:名古屋駅より専用バスにて関西国際空港へ。 夕刻:到着後、日本航空チャーター直行便にて空路、バンクーバーへ。	ー	ー	機内
			〈日付変更線通過〉			
		カナダ	午後:到着後、バンクーバー港へ。 2004年デビューした日本生まれの大型豪華客船『ダイヤモンド・プリンセス号』に乗船。 夕刻:いよいよアンカレッジ（ウィッティア港）へ。7泊8日の優雅な船旅のスタートです。〔船中泊〕	機内	船内	船内
2	5/29 (日)	アメリカ	無数の小島が点在し、美しい景観のインサイド・パッセージをクルージング。カナダ西岸からアラスカ西岸まで約1,600kmにわたって氷河が織りなす水路。世界でも有数の美しい内海の景色をご堪能ください。〔船中泊〕	船内	船内	船内
3	5/30 (月)	アメリカ	朝:インディアンの言葉で「羽を広げた鷲」を意味するアラスカ最南端の街、ケチカンに入港。長い歴史の中で培われたアラスカの木こりショー（注）へ。 斧や鋸で巨大な木材を切る競技、ロープ一本でよじ登る競技、手斧投げ、丸太転がしなど豊かな森林のアラスカ東南部ならではの楽しいショーをご覧いただきます。 午後:ケチカンを出港。〔船中泊〕	船内	船内	船内
4	5/31 (火)	アメリカ	午前:連なる山脈と海に囲まれたアラスカ州の首都・ジュノーに入港。ジュノーの一番の見所メンデンホール氷河と鮭の孵化場へ。 マッコウレイ孵化場を見学し、一般道から直接行ける南東アラスカの氷河としては最大のメンデンホール氷河へ。氷河展望台から眼前の雄大な景観をご覧いただきます。 夜:ジュノーを出港。〔船中泊〕	船内	船内	船内
5	6/1 (水)	アメリカ	朝:ゴールドラッシュ時代に誕生した街・スキャグウェイに入港。スキャグウェイで最も人気があるホワイト・パス列車の旅へ。 海抜0mから標高約1,000mのホワイト・パスまで片道約1時間30分。レトロな客車から大自然の眺望をお楽しみください。 夜:スキャグウェイを出港。〔船中泊〕	船内	船内	船内
6	6/2 (木)	アメリカ	朝:アラスカクルーズのハイライト世界遺産グレーシャー・ベイをクルージング。16の氷河が流れ込むダイナミックな景観と、イルカやクジラ、熊など100種類以上の動物が生息し、魅力溢れる航路で人気のクルーズエリアです。 午後:グレーシャー・ベイを出港。〔船中泊〕	船内	船内	船内
7	6/3 (金)	アメリカ	夕刻:カレッジ・フィヨルドをクルージング。 大小26もの氷河が流れ込み、活発な表情を見せています。ラッコやアザラシなどの動物に出合えるチャンスがあるかも!? 夜:カレッジ・フィヨルドを出港。〔船中泊〕	船内	船内	船内
8	6/4 (土)	アメリカ	深夜〜早朝:ウィッティアに入港。 午後:アンカレッジより日本航空チャーター直行便にて空路、帰国の途へ。〔機中泊〕	船内	ー	機内
			〈日付変更線通過〉			
9	6/5 (日)	日本	午後:関西国際空港到着。 午後:専用バスにて名古屋駅へ。 18:00〜20:00:名古屋駅到着後、解散となります。	機内	ー	ー

阪急交通社のパック旅行例

鮭としろくまくん

犬ぞりレース
（見学の他、30分〜数日の体験コースあり）

MSCムジカで航く 憧れのエーゲ海・ギリシャ 世界遺産ドブロブニククルーズ10日間

◆旅行代金（大人お一人様・2名様1室利用）

238,000円~498,000円

日次		寄港地	時刻	旅行日程	食事
1（土）		成田空港 ベニス		空路、乗継便にてベニスへ。 ベニス着後、送迎車にてホテルへ。	【ホテル泊】□□□
2（日）	イタリア	ベニス		午前、添乗員がサンマルコ広場までご案内します。 到着後、フリータイムをお楽しみください。 「MSC ムジカ」乗船手続き。	
		MSC ムジカ　憧れのエーゲ海・ギリシャ世界遺産ドブロブニククルーズ			
			18:00	ベニス出港	【船内泊】朝 船 船
3（月）		バーリ	12:00 18:00	バーリ入港。とんがり屋根の街が印象的な世界遺産アルベロベッロへのOPツアーを用意しております。 バーリ出港	【船内泊】船 船 船
4（火）	ギリシャ	カタコロン	12:30 17:30	カタコロン入港。オリンピック発祥の地。オリンピア遺跡へのOPツアーを用意しております。 カタコロン出港	【船内泊】船 船 船
5（水）		サントリーニ島	08:00 14:30	サントリーニ島入港。エーゲ海を代表する最も人気のある島です。 サントリーニ島出港	
		ミコノス島	19:30	ミコノス島入港。白壁の家や丘に立つ風車、そして青い海と空とのコントラストがエーゲ海特有の風景を描きます。ご自身での散策がおすすめです。	
6（木）			01:00	ミコノス島深夜出港。	【船内泊】船 船 船
		ピレウス	07:30 16:30	ピレウス入港。アテネの外港として栄えてきた港町。 ピレウス出港	【船内泊】船 船 船
7（金）		コルフ島	14:00 19:30	コルフ島入港。コルフ旧市街は世界遺産に登録されています。 コルフ島出港	【船内泊】船 船 船
8（土）	クロアチア	ドブロブニク	07:30 14:00	ドブロブニク入港。世界遺産、「アドリア海の真珠」、ドブロブニクに寄港。 ドブロブニク出港	【船内泊】船 船 船
9（日）	イタリア	ベニス	09:00	ベニス入港。下船後、送迎車にて空港へ。 空路、乗継便にて帰国の途へ。	【機内泊】船 □□
10（月）		成田空港		入国・通関の後、解散	

クルーズプラネットのパック旅行例（2011年）

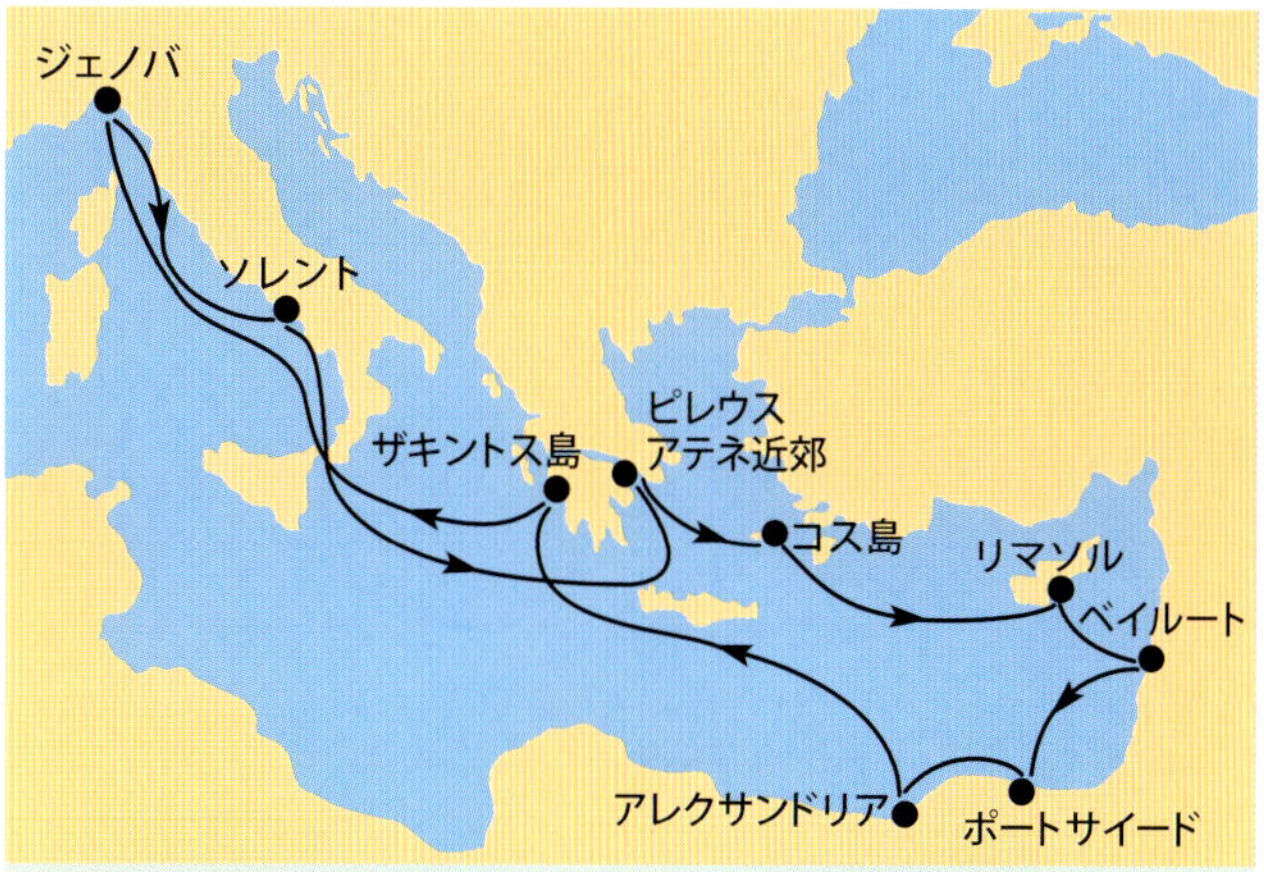

地中海の壮大な叙事詩を味わう の例（11泊）

MSCクルーズ／MSCメロディー号（18頁）

日	寄港地など	着	発
1	ジェノバ（イタリア）		16:00
2	ソレント（イタリア）	13:00	18:00
3	—航海—		
4	ピレウス／アテネ近郊（ギリシャ）	7:30	16:30
5	コス島（ギリシャ）	8:00	14:00
6	リマソル（キプロス）	12:00	20:00
7	ベイルート（レバノン）	7:00	17:00
8	ポートサイード（エジプト）	8:00	10:00
9	—航海—		
10	ザキントス島（ギリシャ）	8:00	13:00
11	—航海—		
12	ジェノバ（イタリア）	10:00	

運航予定
4月27日～　7月20日～　9月24日～　10月16日～

内側 $666～　海側2段ツイン $947～

まんぼう情報に目を通すことをお忘れなく

クルーズ代理店　㈱MSCクルーズジャパン
電話 03-5405-9211

「地中海とは？」という質問に、「気候温暖な地域」と答えるのは日本人だけです。ヨーロッパでは、「気候温暖な時期もある地域」、これが正解です。

この海域に住む人々は、地中海の北部は寒いと考えています。よってハイシーズンは夏で、冬季はあの長靴の先から南のエジプトにかけての海域をクルーズするのが普通です。まるで渡り鳥のように。私の現役時代、ある工場を立ちあげるためにスペインにかなり長く滞在したときのこと、クリスマス休みにイタリア沿岸のクルーズを探しましたが見つかりません。スペイン人の相棒に相談したら、大笑いされました。

冬季運休の習慣は最近はだんだん薄れてきました〔注〕が、この頁の航程表にもあるように、冬季はさみしくなります。気温の問題だけではなくて、冬季には地中海海域の季節風が強くなるので、揺れやすい小さな船のことも考えて運休するのかも知れません。

MSCクルーズの11泊クルーズの例と、HIS系のクルーズプラネットが仕立てたパッケージツアーをお目にかけましょう。なお、19頁の守備範囲マトリックスのとおり、この海域には世界中のクルーズ会社が群がっています。

〔注〕河や水路のクルーズでは、もっと北部の氷の張っているような水路で、クリスマスや新年を水上で迎えましょう、というクルーズが2008年頃から始まりました。各地のクリスマス・マーケットを船で巡ります。私も、もちろん参加してきましたが、いま思い出しても、それはまるでおとぎ話に出てくるような世界でした。いずれ、みなさんにもお見せしましょう。

HAI しろくまツアーズ

日本語メールでアラスカ・クルーズの細かい地上手配部分の相談ができる個人の旅行社。オフィスはアンカレッジ。ときどき出張で離れることも。
アジアや西洋からの個人旅行者（FIT）を相手に
- 氷河ツアー（日帰り／1～2泊）（英語ガイド）
- アンカレッジ郊外へのバス観光（英語ガイド）
- 鮭釣り／鮭つかみ／渓流釣りツアー
（以上ホテル・ピックアップ形式の現地旅行社のツアー）
- アラスカ列車の小旅行やホテル／山小屋の手配

などの相談に乗ってもらえて、必要ならツーリストホテルや現地に詳しい日本人ガイドの手配も可能。
ご自身は歴・数十年のアウトドア嗜好派。この楽しさを他人に分けてあげたい、とボランティアとも言える形で仕事を続けておられるようです。
以前はCruise West社のクルーズ代理店が主業務でしたが、同社休業に伴い今はアラスカ地上手配業務のみを引き受けている由。
日本に住んでいるしろくまとは、いろいろお付き合いも。
ホームページ www.haishirokuma.com

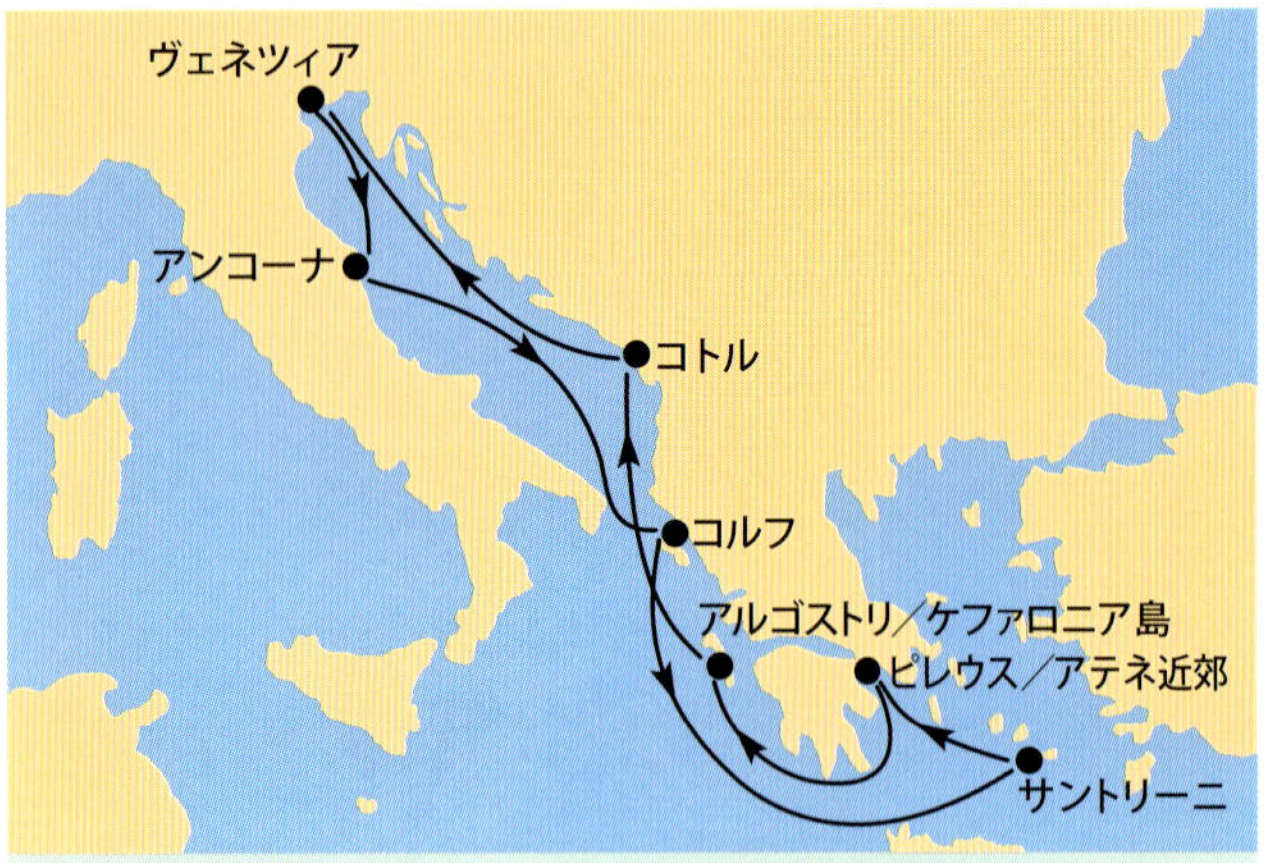

「アドリア海とエーゲ海に浮かぶ真珠」の例

MSCクルーズ／MSCアルモニア号

日	寄港地など	着	発
1	ヴェネツィア(イタリア)		19:00
2	アンコーナ(イタリア)	7:00	17:00
3	コルフ(ギリシャ)	12:30	17:30
4	サントリーニ(ギリシャ)	15:30	22:00
5	ピレウス／アテネ近郊(ギリシャ)	7:30	14:30
6	アルゴストリ／ケファロニア島(ギリシャ)	9:00	14:00
7	コトル(モンテネグロ)	7:00	13:00
8	ヴェネツィア(イタリア)	10:00	

運航予定(2011年)
5月6、13、20、27日　　6月3、10、17、24日
7月1、8、15、22日　　8月5、12、19、25日
9月2、9、16、23、30日　　10月7、14、21日

内側 $648〜　海側ツイン $1,058〜
まんぼう情報をご参考に

クルーズ代理店　㈱MSCクルーズジャパン
電話 03-5405-9211

58,625tons　251.0×28.8m　1,566／710人　9　France

コリントス運河通過(6泊7日)

シーボーン・クルーズ・ライン／シーボーン・スピリット号

ピレウス(アテネ)18:00発⇒ミコノス⇒コリントス運河通過⇒コルフ島⇒コトール⇒コークラ⇒ラベンナ⇒ベニス 7:00着

運航予定　2011年4月29日

SUITE A $3,250〜　SUITE GR $39,715〜

クルーズ代理店　㈱パシフィックリゾート
電話 03-3544-5505

コリントス運河：アテネ近郊(約80km)にあり、コリントス市、エーゲ海とコリンティアコス湾を結ぶ。水面部の川幅24.6m、水深約8m、丘までの最高高さ約79m、全長約6,300m。クルーズおたくの間では、この運河の上を横切る列車〔注1〕の車窓越しに、約50m下の運河を通過する★★★★★クラス〔注2〕のクルーズ船の写真をいかにきれいに撮るか、の技が競われる。私は過度の高所恐怖症ゆえに、列車の窓から運河を見ることができないので参加していない。

〔注1〕アテネ駅から片道約40分
〔注2〕写真のシーボーン・スピリット号は、世界でも数少ない5つ星船。ちなみに、ダグラス・ワードさんが2009年に認定した世界の5つ星船は、豪華客船1、中型船2、小型船3、ブティック船8隻だけ。このうちEUROPA号(ハパグロイド・クルーズ社、1,852ton)が1隻だけ5+の評価を得ている。5+となると、靴を脱いでから乗船するのかなあ。

10,000tons　132×18.9m　208／164人　3　Germany

地中海は、船の上から観てもよし、寄港地に上陸してもよし、買い物や食べ物もよし、とすべての条件がそろっています。

ギリシャやイタリアなど各国については、一般の旅行案内に詳しく書いてありますから、この本では、あまり知られていない、でも、きっとみなさんの参考になる2つのことを書きます。

◆コリントス運河(ギリシャ)と
◆アンフィトリオンという旅行社
のこと

◎コリントス運河

アテネ近郊にあるこの運河の名前を、みなさんはおそらくご存知ないでしょう。幅が狭いため大型船は通れない小運河ですが、絶対に見落としてはなりません。

まだヨーロッパの有史前の話ですが、この運河の上の山からは、白い良質の大理石が採れたので、大勢の奴隷が各地から集めて来られ、石の切り出しや運搬に使われました。その奴隷や、当時地中海を支配していたイスラムの海賊や豪族の話は、塩野七生さんが何冊かの本で書いておられます。

ギリシャ各地にある神殿や競技場はこの大理石で造られたと、自称その奴隷の子孫のヘンネス・ケラーさん(スイス人)から聞きました。彼の話によると良質の白い大理石を掘り尽くした跡は、その後何千年も放置されていましたが、ある時、物好きな豪族の頭が「そこに運河を拓くと船から通航料が徴収できて、あとは遊んで暮らせる」と考えたのだそうです。それでまた大勢の奴隷が手掘りに動員されましたが、その奴隷がヘンネス・ケラーさんのルーツでした。運河の両端を封じると両側は断崖絶壁ですから奴隷は逃げ出せません。

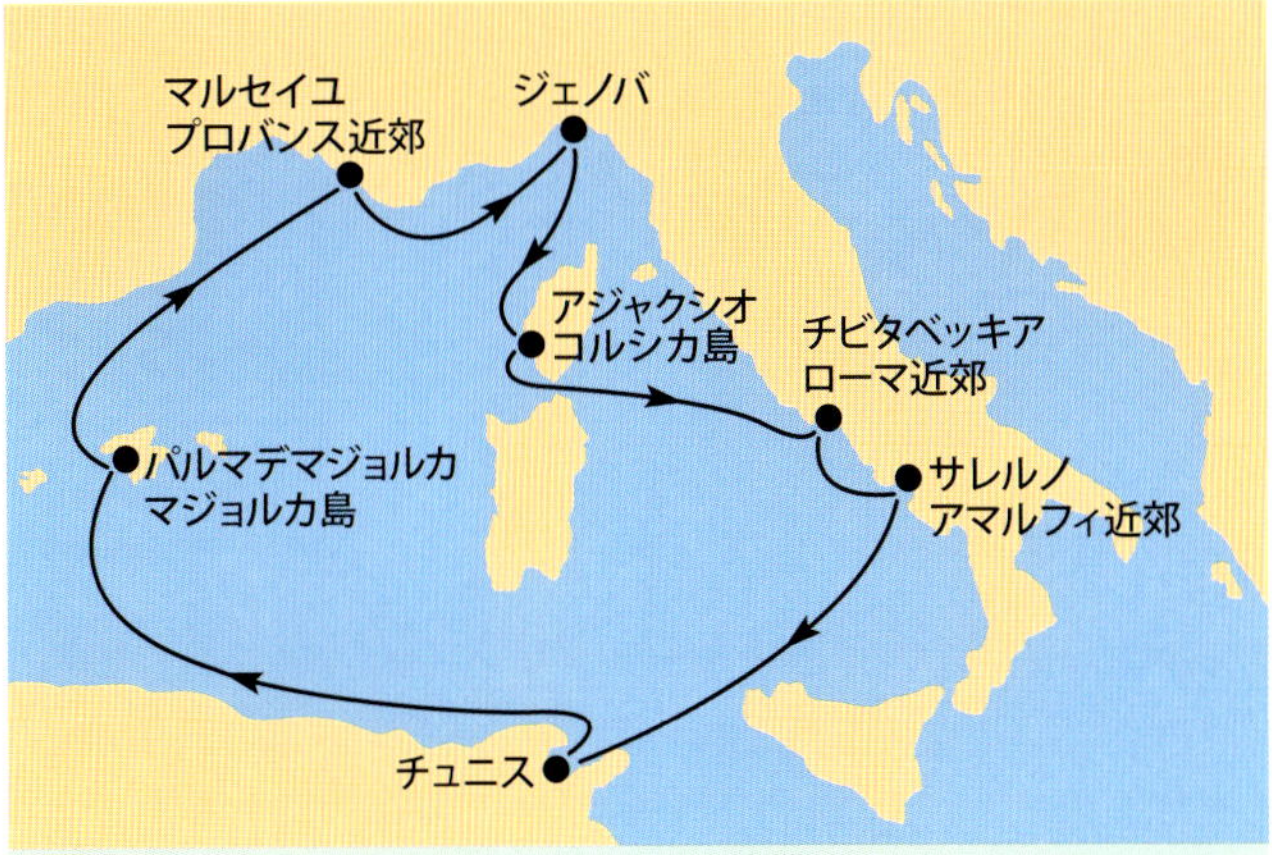

「古代カルタゴからフレンチリベリアまで一週間」の例

MSCクルーズ／MSCリリカ号

日	寄港地など	着	発
1	ジェノバ(イタリア)		16:00
2	アジャクシオ／コルシカ島(フランス)	10:00	18:00
3	チビタベッキア／ローマ近郊(イタリア)	6:00	19:00
4	サレルノ／アマルフィ近郊(イタリア)	7:00	13:00
5	チュニス(チュニジア)	8:00	13:00
6	パルマデマジョルカ／マジョルカ島(スペイン)	14:00	21:00
7	マルセイユ／プロバンス近郊(フランス)	14:00	19:00
8	ジェノバ(イタリア)	9:00	

運航予定(2011年)
5月6、13、20、27日　　6月3、10、17、24日
7月1、8、15、22日　　8月5、12、19、26日
9月2、9、16、23、29日　　10月7日

内側 $625～　海側ツイン $999～

まんぼう情報をご参照ください

クルーズ代理店　㈱MSCクルーズジャパン
電話 03-5405-9211

59,058tons　253.25×28.8m　1,560／701人　9　France

ポルトフィーノ(イタリア)に入港するシーボーンのクルーズ船
(写真提供:シーボーン・クルーズ／㈱パシフィックリゾート)

南・東・西の3つの地中海海域の航程表は、MSCクルーズのものを選びましたが、それはMSCの会社名のせいです。

MSC＝Mediterranean Sea Cruise(s)

日本語では「地中海クルーズ」となります。

それに常々たいへん良質の安価なクルーズを、世界の各海域に多数提供しておられることにも感謝して。

泊単価は、東$92.6、西$89.3、南$60.6。閑散期のいちばん安いキャビンで、まんぼう情報ならもっと安くなるかもしれません。

さらに、MSCは営巣期(33頁)の方に、すごいサービスをしています。それは、18歳未満の同伴のお子様は2名まで、クルーズ料金が無料、という制度です。これなど、日本の少子化対策担当大臣が表彰して然るべきと、私は常々思っているのですが。

子供さんに同伴する76歳以上の聖域期(33頁)のご老人は2名まで無料、というのなら、老人はそう食べない、という計算でまだ理解できるのですが、18歳以下の2名を無料ですよ。18歳といえば食べ盛り。学校から帰ってきたとたん「なにか食べるものない?」と冷蔵庫の中を探します。多分、どちらの御家庭でも。この制度はMSCの世界全海域で、キャビン価格やシーズンに関係なく、まんぼう価格でも適用されます。

なお、MSCやカーニバルと同じイタリアン・カラーのコスタ社は、日本に寄港するクルーズに地域限定で、これと同じ18歳未満のお子様(もう大供です!)2名まで無料にしています。この後、48、49頁の東南アジア海域の項で詳しく紹介しましょう。


奴隷は水中に潜って、石のみで底の岩石を砕き、掘り下げました。当然、肺活量が大きくなりますが、ヘンネス・ケラーさんもその遺伝で肺活量は大きく、素潜りの世界記録(約360フィート)を最近まで保持していました。

さて、コリントス運河ですが、そこを通らなくても先の岬を遠回りすればタダでイタリア方面に抜けられるので、誰も通航してくれません。それでまた長い間、放置されましたが、ギリシャが観光立国すると今度は観光資源として再発掘され、小型のクルーズ船が通過できるように整備されました。この話を頭に入れておいて、コリントス運河を通過するシーボーン社の品格あふれる小型クルーズ船に乗れば最高ですが、その航程表をお目に掛けましょう。見るだけならタダです。この船の泊単価は464ドルとやや高めですが、品位・品格は高くつくと昔から決まっています。

◎アンフィトリオン

ギリシャの旅行会社の日本支社で、カーニバル社のクルーズ代理店として有名ですが、ギリシャの本社には日本人社員もいて、日本人旅行客や旅行社の各種手配をしていることはあまり知られていません。ギリシャ旅行についてはめっぽう強いので、地中海海域に出掛けるFIT(個人旅行客)の良い相談相手になってくれるでしょう。

豪華客船の登場とインターネットが新しいクルーズの世界を拓きました

**信じられないことですが豪華客船の登場で
とても安いキャビンが大量に供給されるようになりました。
その大量の安い客室を全部売り切るために
インターネットがフルに活用されているのです。**

下の写真は、マンションのように見えますが、実は豪華客船です。

上層部にはバルコニー（ベランダ）付きの客室がずらりと並び、下の階（デッキ）には窓付きの客室が見えます。

これらの海側キャビンの内側に、海の見えないキャビンがたくさん出来てしまいます。バルコニー付きに限らず、海の見える部屋は人気がありますが、内側の客室の人気はいまいちです。それでクルーズ会社では、たとえ豪華客船であろうと、内側キャビンの料金をはじめからうんと安く設定します。

内側客室はベランダ付きの約65%

DVDで見ていただいたあのクルーズの場合でいえば、内側キャビンはバルコニー付きの65%の価格です。これはパンフレットに書いてある定価ですが、もし出発日が近づいてきたのに売れ残っているキャビンがあると、クルーズ会社はさらに値下げして、ネット上にそっと表示します。1週間ほど出してみて、まだ売れ残っていれば、さらに値下げします。とにかく満室になるまで下げ続けます。このようなやり方を変動価格制などと呼びますが、今では海外のクルーズ会社のすべてがこれを採用しています。あのクイーンメリー号の会社も採り入れていますが、これはインターネットがあればこそ実現できたシステムです。

その他、乗客ばかりでなく、乗組員も国の家族とのコミュニケーションにネットを利用したり、インターネットはクルーズライフをすっかり変えました。

お好みのキャビンの決め方

次の順序で決めてください。

①キャビンのタイプを決める
　イラストで示したA、B、Cのどれにするか

②キャビンの広さを決める
　寝室と別にリビングルームが欲しいか

③浴室（風呂）を決める
　シャワーだけでいいか、浴槽が必要か

なお、クルーズのリピーターは、「内側＋寝室だけ＋シャワー」を選び、浮いた費用でまた次のクルーズに行きます。

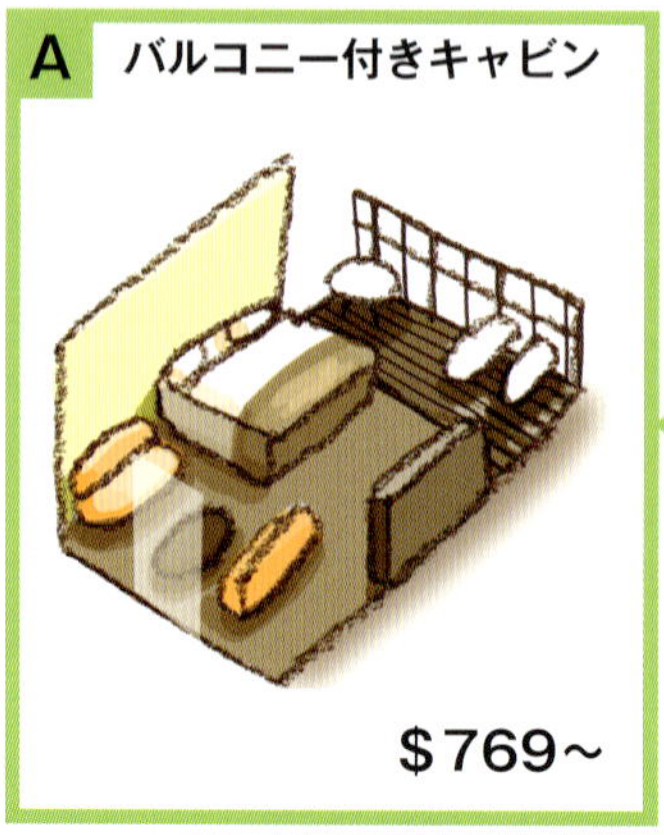

部屋から出ないで
ひねもす海を眺めて
過ごせるなんて
もうそれだけで幸せ

そんな訳で
バルコニー付きキャビンは
女性に人気が
あります

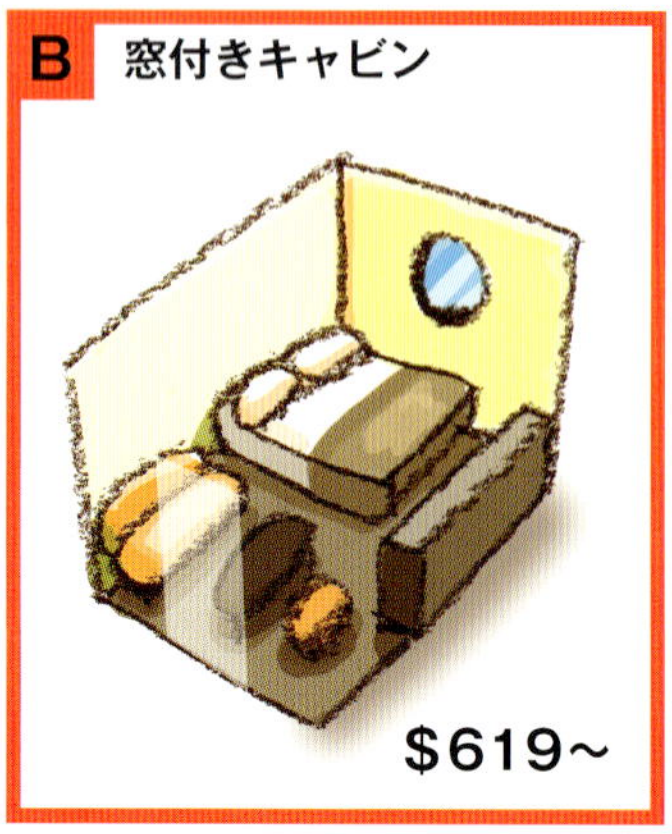

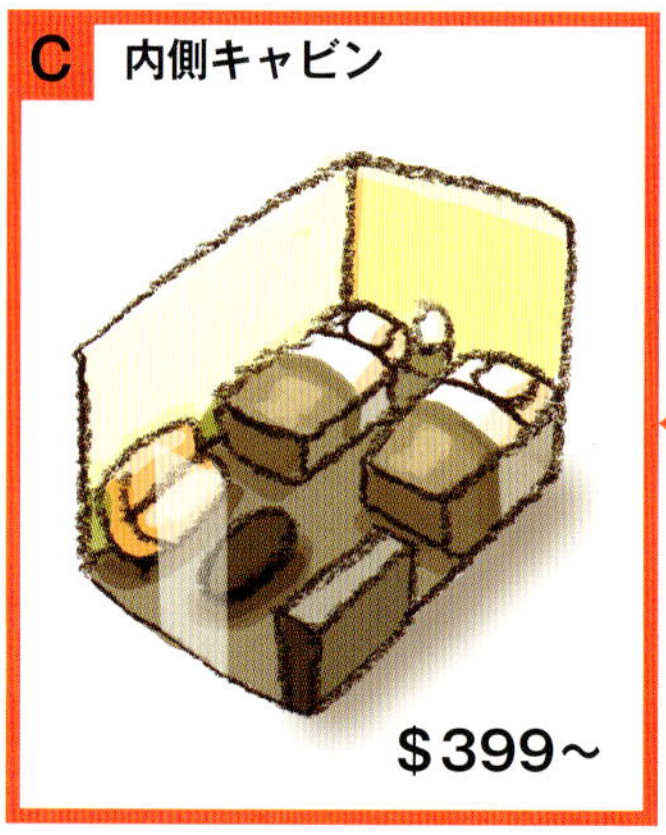

もっと安いキャビン料金もあります

クルーズ料金はキャビンの種類ごとに定価が決まっていますが、お話したように変動価格制になっています。変動価格はネット上に公開されていますが、その内容はたいへん複雑です。価格が変動する要因はだいたい次のようなものです。

◆キャビンのタイプ

右頁で説明したように、A⇒B⇒Cの順に安く設定

◆シーズン

◆販売時期（早割り）

出港の90日前まで早割り価格を適用

以上の要因は月並みなものですが、クルーズ特有のものとして

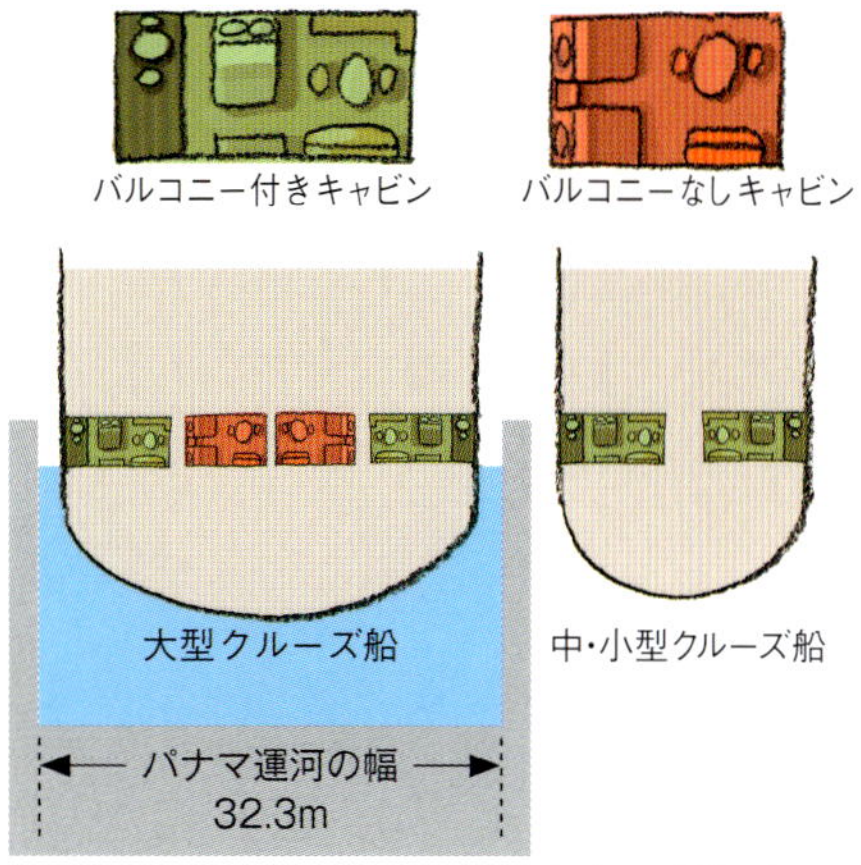

幅（ビーム）が大きいほど、船は安定し、揺れません。しかし、幅が大きくなると内側（中央部）に窓無しの部屋がたくさん出来てしまいます。

◆キャビンの残数により価格が変わる

そのキャビンが、たとえば１００室あるとき

早割り価格で販売…40室
定価の80％で販売…20室
定価の90％で販売…20室
定価どおりで販売…20室

などと設定してあって、当面は安いものから順に売る。

◆見切り販売する（直前割引販売）

ラスト・テン・ミニッツとも呼ばれますが、これは当時マイアミに本社があったナイトリッダー新聞社の人気サービスでした（まだインターネットが普及する前のことですが）。ある日になっても想定販売数に達していないキャビン（ナイトリッダーの場合には、マイアミでのショーのチケットなど）を早めに見切り販売するのです。

外国のクルーズ会社には、とにかく全部売り切って満室にしてから出港するという癖があります。ここが日本の会社とは違います。売り切るためには、そこに潜在的クルーズ嗜好人口があることが前提ですが、アメリカにもヨーロッパ各国にも充分な人口があります。それは私が計算して、直ぐこの後（18頁）の世界地図に示したので、それを見てください。なお、とにかく満席にして出港すれば、クルーズ会社の採算はとれるのだそうですが、その理由は別のところでお話します。

このように複雑な変動価格制ですが、今はこれくらい知っておけば充分で、後はそのうち自然にわかってきます。

チケットはどのようにして買うのですか

難しい話はこのくらいにして、どのようにすれば、その最安チケットを入手できるのか、という話に進みましょう。

私は、いつも自分でクルーズ・チケットを買って、海外クルーズに出かけます。その際、クルーズ代理店の中で、安心して手配業務を託せると目星をつけている方に、自分の嗜好（プリファレンス）を伝えて、「このクルーズのいちばん安いものを探して、旅行時期は今年の秋ごろで、後は適当に…」とお願いして、その方のお勧めに従っています。よそ様には「まんぼう情報というのがありますよ」とか、まことしやかに説法しておきながら、自分ではそれすら調べる時間が無いので、信頼する方に代わりに調べてもらってチケットを手に入れています。

これはあなたにもお勧めできる方法かもしれません。19頁に挙げたクルーズ代理店ならどこにも、自社の扱っているクルーズについて長年にわたって熟知しているスタッフがいます。これではちょっと心配、と私が感じたクルーズ代理店は掲載してありません。ひやかし客ではなくて、あなたが遠くから来て真剣に相談すれば、スタッフはあなたの信頼を裏切るようなことは絶対にしません。わざと高いものをあなたに売りつけても、クルーズ代理店のスタッフの場合には誰にも誉められませんから。みんな、お客様本位に考えてくれます。

だから私は、ブローシュア（パンフレット）をもらうためにクルーズ代理店までぜひ足を運んでください、とお勧めします。たとえ地方からでも、アポイントを取った上で。あなたのクルーズは、その時からすでに始まっていると考えると、足取りも軽やかになるはずです。

プルマン式ベッド（エキストラベッド）

普段は壁面に跳ね上げてある

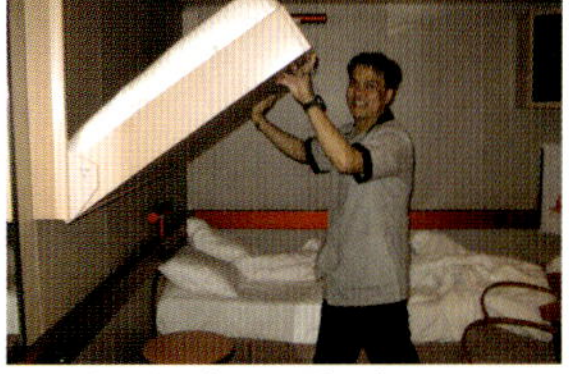

留め金を解除して引き起こし

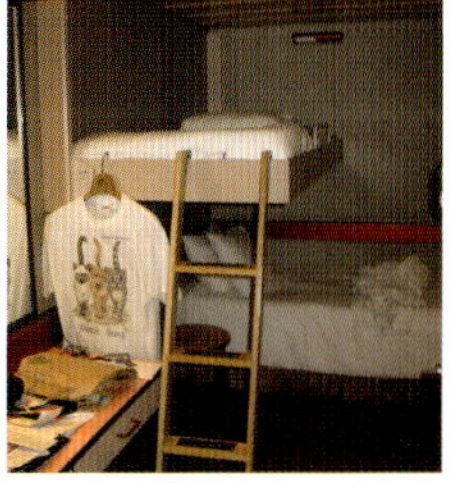

隠してある梯子を立てると完成

指を挟む恐れがあるので、セットは客室係に任せてください。

一人での船旅はどうなりますか？

海の船旅では、一人部屋というのはほとんどありません。一人の場合は、20%～100%の割増料を払って二人用キャビンを一人で使用します。

海の船旅でのシングル・キャビン

割増料（シングル・サプリメント）の追加なしで一人旅ができる船は、私の知る限りではピースボートの地球一周クルーズに就航しているオセアニック号と、クルーズ船ではありませんが、大阪～上海間を運航する国際フェリーの蘇州号（49頁）などフェリーだけです。

オセアニック号のシングル・キャビンでの優雅な生活

私のある先輩は、定年退職後、自分への御褒美として、オセアニック号のバルコニー付きシングル・キャビンで地球一周をしてきました。クラシック音楽の造詣が深く、どちらかといえば孤高の生活を好むその先輩は、たくさんのCDと、アナログ式アンプをキャビンに持ち込みました。

オセアニック号はかつてウォルト・ディズニーの手で、オーランド（フロリダ州、ディズニーワールドがある）からの観光客をカリブ海クルーズへ連れていくために内部が大改装されました。そのとき、キャビンは家族旅行用（ダブルベッドにプルマンベッド付き）に改装されましたが、ピースボートではプルマンベッドを撤去して、ダブルベッドはそのまま一人用として使っています。

先輩は、昼間はバルコニーで音楽三昧の時を過ごし、夜はヒーローズ・パブや波へい（居酒屋）で一杯、という文字どおり優雅で気ままなクルーズライフを満喫したそうです。しかし、ひょんなことから現役時代にコーラスの指導をしていたことが知られて、クルーズ後半の生活は一変。寄港地では楽譜を求めて書店や楽器屋を渡り歩き、地元のコーラス・クラブとコーラス交歓会を開くなど、大忙しになりました。

先輩からは、「あのシングル・ルームは最高だよ。いくら貯金したって、人間、死ぬときはみな裸だよ。渡邊さんも行ってきたら」とハッパを掛けられました。

相部屋または大部屋での洋上生活

今では乗組員の部屋でさえ、シングルベッド×2の二人部屋になっています。でも、かつて日本での新婚旅行を開拓した関西汽船の別府航路の船には、蘇州号と同じ造りの大部屋がありました。

私は幼時は松山から京都に里帰りする母と、学生時代は先生や級友たちと、長じてはテニス部の松山合宿で、50回以上は関西汽船の大部屋で往復しています。実は中学3年間の担任は、関西汽船の当時の神田社長の御曹司でした。何かというと、小豆島あたりへの小旅行を先生にせがみましたが（もちろん神田先生の顔パスで）、あの大部屋には私の人生が詰まっているように思われます。

関西汽船の3等席では、行商人の軍手やタオルで一杯の風呂敷包みを仕切り代わりに使っていました。しかし、今の若い人には、たとえ男女別になっていても、間仕切りのない大部屋なんて、絶対にうけないでしょうね。

オセアニック号の一人部屋

大きめのシングルベッド

専用のバルコニー

相部屋

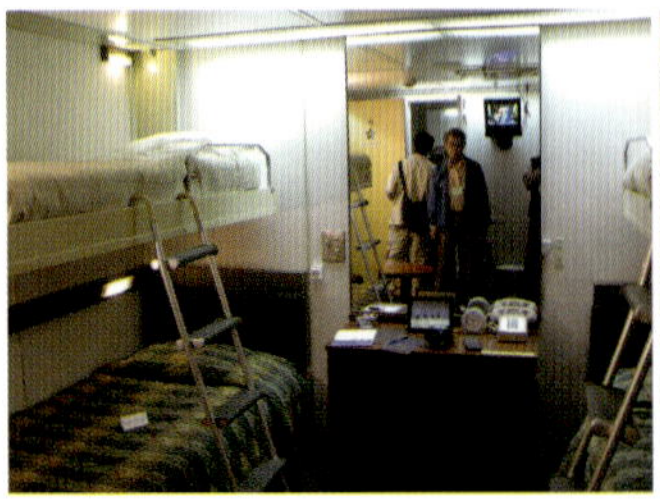
オセアニック号の四人部屋

蘇州号の大部屋

ピースボート　オセアニック号（51頁）
第75回地球一周（100日間）
横浜⇒パペーテ（タヒチ）⇒パナマ運河⇒カリブ海⇒ダカール（セネガル）⇒ピレウス（ギリシャ）⇒黒海⇒ポートサイド（エジプト）⇒シンガポール⇒横浜

シングル・キャビン	室数	早割り価格（泊単価）	標準価格
バルコニー付き	8	435万円（4.35万円）	480万円
窓付き	25	335万円（3.35万円）	370万円
窓無し（内側）	約100	198万円（1.98万円）	230万円
相部屋（内側4人）	約 15	127万円～	145万円～

上海フェリー　蘇州号（2泊3日、朝食付き）

大部屋（男女別）	片道20,000円（往復 30,000円）

憧れのバルコニー付きキャビン

どの女性客も、バルコニー付きキャビンと聞くと、もうそれだけでうっとり。男性は、そんなにバルコニー付きにこだわりません。バルコニーがあれば、そりゃいいが、という程度です。

その憧れのバルコニーですが、これまでは日焼けを気にする人もいて、クルーズ会社は頭を悩ませていました。南国の強い日差しは、さざ波の表面で鏡のように乱反射して、たとえ日陰にいても、あなたの肌を下から射します。なので日傘では紫外線を防げません。ライン川やモーゼル川では、それによって葡萄が万遍なく色づき、伊豆や和歌山、伊予のみかん畑では葉陰の実にまで紫外線が差し込み、それぞれ名産品を産み出してくれるのですが。

画：ヤマサキタツヤ

船全体にサングラスをかけよう

そこで困ったクルーズ会社では、表紙の写真のように、バルコニーの手摺りの下側を色つきガラスでびっしり覆い、下からの跳ね返り紫外線を90%カットしました。これなら直射日光にだけ気をつければよく、女性は安心して過ごせます。

ガラスを拭いてくれるのは誰ですか

ガラスの外側は波しぶきを浴びて、直ぐ汚れます。それで、クルーズ会社では1週間のクルーズのちょうど真ん中頃に、ガラスの外側を人が拭いて回ったり、あるいは自動ブラシが上から降りてきて、順々に拭いていきます。人手によるときは、朝まだ暗い間に、数人の清掃係がバルコニー伝いに各部屋の外側に突然現れ、ガラスだけでなくバルコニーの床にも水を掛けて清掃してくれます。ですから、窓ガラス越しに覗きこまれてもよいように、寝るときはカーテンを引いておきましょう。

あられもない姿をロボットになら見せてあげますか

あるクルーズ会社は、自動洗窓機を開発してロボットに拭かせるようにすれば、室内ではどんな格好をしていても恥ずかしくないだろうと考えて、船の両側に1台ずつオートマティック・ウインドウ・ウオッシング・マシンなるものを設置したのですが、あまりきれいには拭けません。それでも飽きずに今も早朝に動かしていますが、あくまでデモンストレーション。ロボットの先端にある洗剤を放出するノズルは、ガラス面からかなり離れたところを、一応洗剤を吐き出しながら、むなしく通過していきます。どうです、日本車輌さん、新幹線用の自動洗車システムを売り込みに行かれては。

女性はキャビンに閉じこもりがちです

女性は、家にいるときから、出掛けることをおっくうがります。外に新聞を取りにいくときでも、ちょっと髪に手をやり、鏡の前でパタパタしたり。それが外国のクルーズ船の上となると、なおさらです。

ピースボートの地球一周の旅に参加したアチワさんの奥様は、「日本の主婦は、ざんばら髪にスッピンのままで、3度の食事が上げ膳、据え膳で過ごせたら、もうそれだけで幸せです」とおっしゃいました。こうして女性はキャビンの中で過ごす時間が長くなるので、バルコニー付きのキャビンに憧れるのだそうです。これに対して、男性は気軽にキャビンの外に出かけますから、それほどバルコニーにはこだわりません。

①新築のこのビルでは、万葉人さながらの拭き方で手際良く…。
②このやぐらの下からアームが下に伸びて、先端の吐出ノズルから出る洗剤とブラシでガラス面を拭いていく、との着想はよかったのですが…。
③一応、もっともらしい操作パネルが屋上のゴンドラ部にあって、ゴンドラを船首から船尾までレールに沿って動かせることになっていますが…。

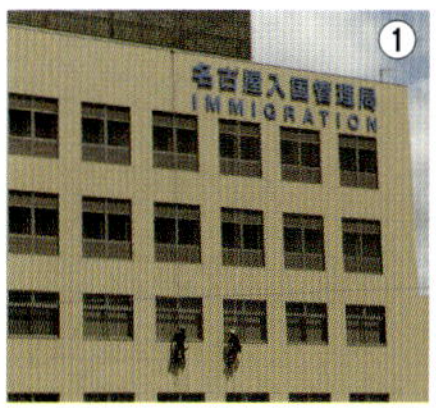

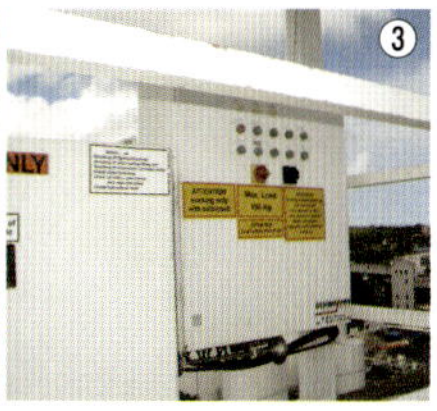

カーニバル・スプレンダー号のデッキプラン

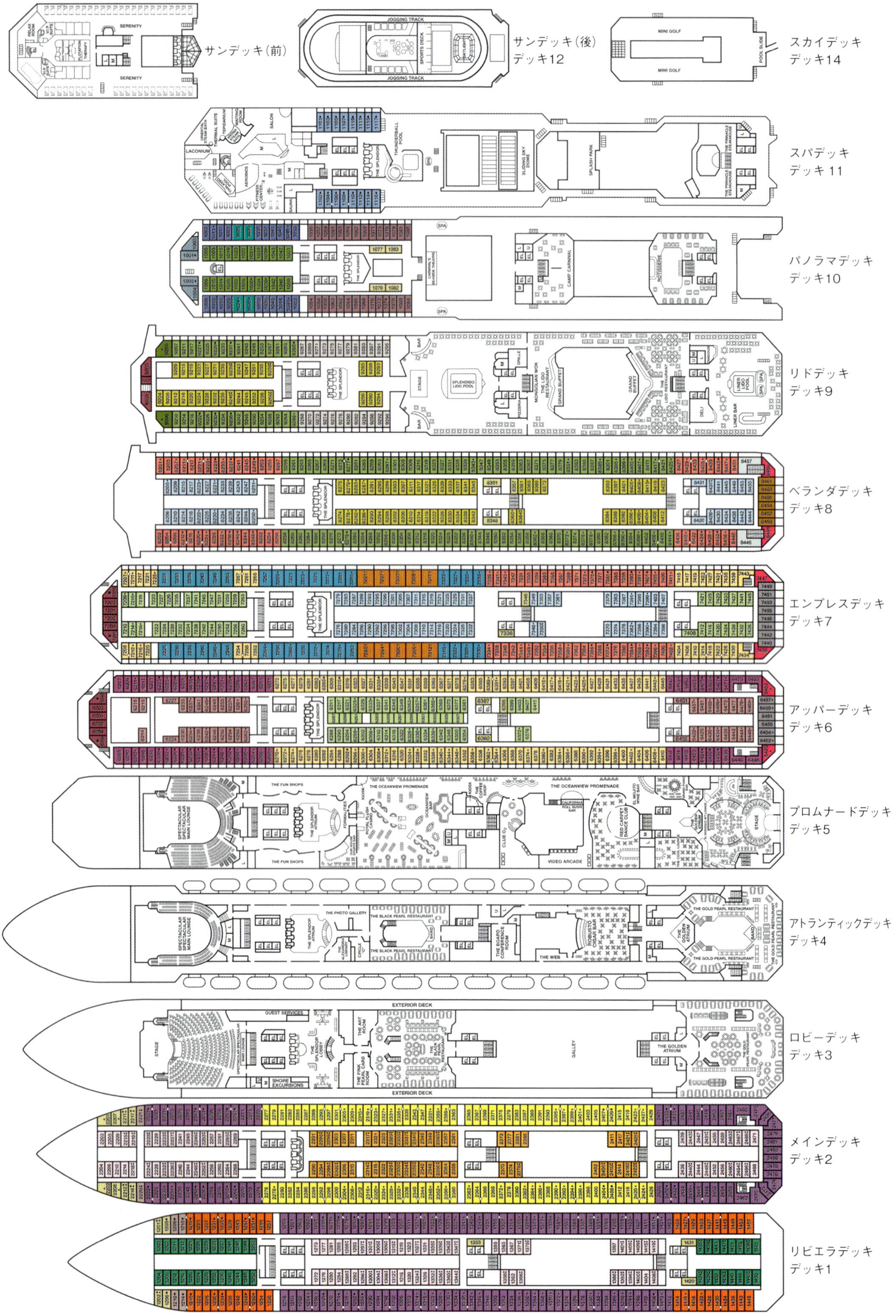

クルーズ会社の守備範囲

初出

〈添乗員さんが付いてくれるクルーズのパッケージツアーをお探しの方は〉

　まずこの本で、お好みのクルーズを探します。それから、クルーズ代理店に電話して「ねえ、おたくの○○のクルーズを、パッケージツアーにして売り出している旅行社はどこ？ 教えて！」と迫ってみてはいかがですか。あれば、喜んで教えてくれますよ。


　アポを取った上で、クルーズ代理店を訪問してブローシュア（パンフレット）を直接受け取り、関心のあるクルーズが実際に運航されているかどうかなどを確認するのはいいことです。

　私の経験では、クルーズ代理店のスタッフの立ち居振る舞いがエレガントであれば、そこが取り扱っているクルーズにも、おおむね品位・品格が備わっていると考えて間違いはないようです。

　わざわざ出掛けるのはちょっとおっくう、と躊躇する人も多いとは思いますが、ブローシュアを受け取りにわざわざ出掛けるそのときから、あなたのクルーズはすでに始まっていると考えれば、足取りも軽くなり、また望外の収穫も期待できるのではないでしょうか。


〈記号の意味〉

◉年中連続運航が複数
●年中連続運航
◑シーズン中連続運航
◎毎月1便くらい運航
○ちょこちょこ運航
△年に1便くらい運航
＊日本寄港
108などは世界（地球）一周の所要日数

〈　〉の数字はブローシュアのページ数
〈e〉は電子版

保有船	関連記事掲載頁	4 大西洋横断	5 ニューイングランド／カナダ東部	6・7 フロリダ半島／カリブ海／メキシコ湾	8 アラスカ／カナダ西部	9 南地中海	10 エーゲ海／東地中海	11 西地中海	35 ハワイ諸島	36・37 ロサンゼルス／西メキシコ	38 南米大陸	38 オセアニア	38 南太平洋	39 北欧／バルト海	40 世界一周	48・49 東南アジア	50 地球一周	その他の個性的なクルーズ	
2	Azamara Club Cruises	△		△		○	○	○			○			○		○			〈8〉㈱ミキ・ツーリスト（03-5404-8813）
23	Carnival Cruise Lines 〈128〉		◑	◉	◑		△	△	△	◉									〈64〉アンフィトリオン・ジャパン㈱（03-3832-8411）
10	Celebrity Cruises		△	◑	◑	○	◑	△			△	△		◎				①	〈32〉㈱ミキ・ツーリスト（03-5404-8813）
5	Compagnie du Ponant 〈94〉			△		△	△	△			△							⑤	マーキュリートラベル㈱（045-664-4268）
16	Costa Cruises 〈378〉	○		○		◑	◑	●			○			◎	100	◑＊		②	〈124〉㈱オーバーシーズ・トラベル（03-3567-2266）
2	Crystal Cruises 〈180〉	△	○	○	○	○	○	○	△	△	○	△		△	108			④⑥	〈34〉郵船クルーズ㈱（045-640-5351）
3	Cunard Line	△	△			△	△	△						△	113	△			〈52〉㈱クルーズバケーション（03-3573-3601）
1	DFDS Seaways													●					〈e〉ネットトラベルサービス（03-3663-6804）
3	Disney Cruise Line			◉	△	△	△	△		△									〈24〉（連絡先）郵船トラベル（03-5213-9987）
15	Holland America Line 〈18〉	○	○	○	◉	◑	◑	◑	◑	○	◑	○	◑	◑	110	△＊		③④	〈122〉㈱オーバーシーズ・トラベル（03-3567-2266）
2	Hurtigruten													●				⑩	〈26〉フッティルーテン・ジャパン（03-3663-6802）
1	Louis Cruise Lines					○	○	○										⑥	〈8〉マーキュリートラベル㈱（045-664-4268）
11	MSC Cruises	○	○	○		◉	◉	◉						○					㈱MSCクルーズジャパン（03-5405-9211）
1	Nomade Yachting Bora Bora											△						⑦	〈e〉㈱オーシャンドリーム（042-773-4037）
11	Norwegian Cruise Line（NCL America）			○	◑	◑	○		●										〈26〉スタークルーズ日本オフィス（03-6403-5188）
4	Oceania Cruises 〈44〉	△					△	○						○					〈10〉㈱ティーアンドティー（03-6794-1320）
1	Paul Gauguin Cruises											●						⑧	〈16〉㈱クルーズバケーション（03-3573-3601）
16	Princess Cruises	△		◎	◉	◎	◎	◎	○	○		○	○		109	△＊			〈68〉㈱クルーズバケーション（03-3573-3601）
3	Regent Seven Seas Cruises 〈20〉	△	○	◑	◑	○	◑	○		△	△	△	△	◑		△			㈱PTS リージェントオフィス（03-6228-6516）
22	Royal Caribbean International	△	◑	◉	◑	◑	◑	◑			△	◎	△	○		○＊			〈50〉㈱ミキ・ツーリスト（03-5404-8813）
6	Seabourn Cruise Line 〈118〉	△	△	○		○	◎	○		○	○	△	△	○	108	○		⑨	〈16〉㈱パシフィックリゾート（03-3544-5505）
1	SeaDream Yacht Club																		マーキュリートラベル㈱（045-664-4268）
6	Silversea Cruises	△		○	△	◎	◎	◎		△	○			◎	127	△＊		⑤	〈56〉インターナショナル・クルーズ・マーケティング㈱（03-5405-9213）
3	Star Cruises															●			〈8〉スタークルーズ日本オフィス（03-6403-5188）
4	Tallink Silja													◉					〈16〉ネットトラベルサービス（03-3663-6804）
2	Travel Dynamics International		○					○			○		○						〈e〉㈱オーシャンドリーム（042-773-4037）
1	Peace Boat										○						86～		〈20〉㈱ジャパングレイス（03-5287-3081）

渡邊八郎責任編集

①ガラパゴスクルーズ・パッケージあり
②カナリア諸島（フランス領）クルーズあり
③ニューヨーク⇔バミューダ諸島クルーズあり
④パナマ運河通過クルーズ多数あり
⑤アマゾン河水域に入るクルーズあり
⑥ギリシャ海域クルーズ多数あり
⑦ボラボラ海域クルーズのスペシャリスト
⑧ソシエテ諸島（タヒチ島）クルーズのスペシャリスト
⑨コリントス運河（ギリシャ）通過クルーズあり
⑩南極、スピッツベルゲン、グリーンランドへの探検クルーズあり

〔番外〕
マダガスカル島への船旅：Noble Caledonia（日本代理店なし）がMS Clipper号（128人乗りの優雅な小型船）で12泊クルーズを実施（2012年2月22日～、英国からの航空券付きで£4,895～）
なお、この本では紹介できませんでしたが、魅力的な南極・北極クルーズを㈱トライウエルインターナショナル（03-3498-2926）が提供しています。

クルーズを自社のパック旅行によく取り込んでいる旅行社

近畿日本ツーリスト	日通ペリカントラベルネット
クラブツーリズム	日本旅行
クルーズネットワーク	阪急交通社
クルーズのゆたか倶楽部	PTS クルーズデスク
クルーズプラネット（HIS系）	ブレーン企画
グローバルユースビューロー	郵船トラベル
JTBロイヤルロード銀座	ユーラシア旅行社
JTB首都圏メディア販売事業部	ユーラスツアーズ
トップツアー	読売旅行
ニッコウトラベル	ワールド航空サービス

　外国のクルーズ会社の中で、日本に支社かクルーズ代理店を開設しているところは、だいたい上にあげたとおりです。世界の海を14海域に分け、それに世界（地球）一周の2コースを加えて16海域として、クルーズ会社の守備範囲をまとめましたが、これは２０１１年4月現在のデータに基づいています。クルーズ会社によっては、変更したり、別のクルーズを追加することもありますから、実際にクルーズを計画するときには、クルーズ代理店によく確認してください。

　この本では、この16海域別に説明しています。このような海域の分け方は日本人向きで、私独特のものです。西洋では地中海周辺やカリブ海をもっと細かく分けたり、フランスでは南太平洋の植民地の諸島を細かく分けたりすることもあります。

　なお、クルーズ代理店は、銀行のように月曜～金曜の平日営業が普通のようです。

クルーズ料金は オールインクルーシブ

クルーズ料金は、運賃もホテル代も、3度の食事代も船内でのプールの利用や観劇などのエンタテイメント料金も全部含まれているオールインクルーシブ制になっています。

どこまでインクルーシブですか?

DVDで見ていただいたA1からA8の映像でいえば、陸上でのゴルフだけが別料金。それ以外はすべてクルーズ料金でカバーされています。映像には映っていませんが、外人向けのすしバーも、船内で開催されるちょっとしたゲームや講習会や、上陸しても近くの市内散策をするだけなら、すべてタダです。船内での観劇やジムでのアスレチックス器具の利用も無料です。

　ちょっと注意したいのは、コーヒーやジュースといった飲み物。ビュッフェ内のドリンクバーでなら、いくらお代わりしても無料ですが、ビュッフェを出て、横のコーヒーショップで飲むと、有料になります。

逆に有料なのは?

　アルコール類や、コーヒーショップや特別レストランでの飲食代、SPAやヘアサロンの利用料、ランドリー利用料、寄港地観光参加料、もし洋上で挙式されたとき（42頁参照）ときはその挙式料、カジノでの賭けごとなども別料金です。

ただ、クルーズによっては船内で召し上がるアルコール類は一切無料というのもありますし、ヨーロッパの品格ある（28頁参照）クルーズの中には、ディナーではワインまたはビールが1グラス無料、というのもあります。

　ランドリーはホテルと同じで、有料ながらいつでも袋に入れて出すことができますが、船内にコイン式のセルフサービス洗濯機が数台設置されている船もありますし、その使用料が無料という船もあります。洗濯機を設置していない船も多いですから、これは出発前に、クルーズ代理店に確認しておきましょう。日本のチャーター船のふじ（商船三井グループ）には、男女別に各28台もの無料洗濯機が設置されています。しかも洗剤も無料で、隣には広い乾燥室まであります。私は、外国の豪華客船にも、このふじ方式を採用してほしいと願っているのですが、２０１１年４月現在、ふじの素晴らしいこのサービスを真似る海外クルーズは、まだ出てきていません。

クルーズでの最大のお楽しみは食事です

フルコースのディナーが、値段の心配なしに食べられます。ビュッフェでは、お好みのオムレツや各種サンドを目の前で焼いてくれます。24時間サービスのピザは、テイクアウトも自由です。

値段のことを気にしないでよいフルコースのディナー

陸上の生活ではちょっと近寄り難いくらい、洒落た綺麗なダイニングルームで、メニューにあるどの料理でも、自由に選んで注文できます。それも無料で。

米国沿岸を運航する豪華客船では、乗客数は小さな場合でも3千人、一番大きなロイヤルカリビアン社のオアシスクラスの船になると、5千人を超えます。ですから、ディナーも2部（2シーター）制になります。2部制の早組は午後6時から、遅組は午後8時半くらいから始まるのが普通です。その後の観劇も2部制になっています。クルーズの発祥地である地中海周辺国の人たちにとっては8時半のディナーでもちょっと早すぎるくらいなのですが、アジアの人や米国人は6時でもかまいません。だから、この2部制は豪華客船のような国際船では、ちょうどバランスが取れているようです。

2部制のどちらにするか？　テーブル番号は何番？　などは乗船手続きのとき、相談して決めます。

そのダイニングルームの雰囲気や、お客様の服装は、DVDのA4の映像を見てください。これが、ハワイや米国大陸沿岸のリゾート地を運航するクルーズでの平均的服装です。この映像以上でもないし、これ以下でもありません。ちょっとご注意しておきますが、これは米国海域でも、リゾート地のクルーズでの服装です。ヨーロッパ海域でのクルーズでは、夜6時を過ぎると、男性の短パンは今でも禁止ですし（女性の短パンはOK）、男性は必ず上着を着用します。米国大陸でも、アラスカクルーズや東海岸北部のニューイングランド海域のクルーズでは、男女とも、もう少しエレガントになります。このようにドレスコードも、TPOでかなり異なるのが実情、ということをよく覚えておいてください。

なお、これを撮影したのは、米国で学校の夏休みも始まった6月末。だから子供連れの家族が多いということを割り引いても、ハワイや米国南沿岸のクルーズでの平均的な服装は、この映像のとおり、あくまでカジュアルです。陽気な米国人は、普通のカジュアルかエレガントカジュアルで、ファンシップを楽しみます。

ビュッフェでの食事

これも、DVDのメニューのA6の映像のとおりです。豪華客船ではお客も多いですが、それ以上に船内施設のスペースも広くなり、サービスも良くなった、と私は実感しています。豪華客船のビュッフェでは、出来上がってトレイに盛られている料理の中から好きなものを選んで、自分の皿にとる、という学食や社員食堂ばりのやり方から、自分の好みをコックさんに伝えて、目の前で卵料理やホットサンドイッチを調理してもらうやり方が増えています。それに対面応対してくれる、若いタイ人コックさんの表情やきびきびした動きが実にいい。一生懸命にお客様に尽くしている様子が、料理をさらに美味しくしてくれます。そこのところを、どうぞ映像で見てください。

別料金のレストラン

とくにカーニバル社のクルーズの場合ですが、豪華客船内の有料レストランの数が減ったように思います。これまで普通のクルーズ船では、イタリア料理店とステーキハウスは、別料金の店があるのが定番になっていましたが、イタリア人の幹部が多いこの会社の豪華客船では、普通のダイニングルームのメニューに、イタリア料理やステーキを採り入れたという感じになっています。さすがにパスタの種類はイタリアレストランのそれには敵わないようですが、特別な有料レストランに行かなくても、インテリアも豪華ないつものダイニングルームでそれらが食べられるのは、乗客にとってはありがたいことです。その上に、これまでの船ではイタリアレストランでしか食べられなかった本格的なイタリアンピザが、ビュッフェのピザショップで普通に振舞われているのにはびっくりしました。

カーニバル・スプレンダー号のダイニングルーム

豪華客船は、なぜ揺れないのですか？

それは、船の幅（ビーム）が大きいことが、第一の理由だと考えられます。船幅が大きいほど、また船の重心が低いほど、水に浮いた船体の安定性は増します。

ところで、最近建造されている大型の豪華客船は、パナマ運河を通過できるぎりぎりの船幅サイズで設計されているのが普通です。太平洋と大西洋とを結ぶ、パナマ運河にあるロック（一種の船のためのエレベーター）の幅は32・３ｍです〔注1〕。船幅がこれより大きくて、ここを通過できない船の中古価格は、若干安くなるとさえいわれています。でも、中には、ロイヤルカリビアン社のように、これはカリブ海海域専用船です、といわんばかりに、船幅56ｍとか63ｍの豪華客船をバンバン造って、カリブ海海域に投入しているクルーズ会社もありますが、これは例外的な存在です。多くの豪華客船は、今は32・３ｍすれすれの寸法で設計されています。

ポッド型推進機

私の経験では、船幅32ｍもあると、巡航速度で航行していても、停泊していても、船はまったく揺れません。ＤＶＤのメニューＡ４、ダイニングルームでの食事風景で、テーブル上のグラスの水は、さざ波ひとつ立てていないでしょう。ビビリもまったくありません。この映像は、メキシコからロングビーチに向かって、21ノットの巡航速度で航海中の豪華客船での食事風景を撮ったものです。ホテルのダイニングルームで食事しているのと、まったく同じ感じでした。もちろん、エンジンの騒音もまったく聞こえませんでした。

でも、日本のご婦人の中には、海の波を見ただけで、いやな気分になる、という方も少なくありません。そんな方には、内側窓なしのキャビン、しかもなるべく水面に近い低い階（デッキ）のキャビンを選ぶことを勧めます。そこは、もし船が揺れたとしても、揺れが一番小さいところです。だいたい船の３～４階あたりです〔注2〉。

〔注1〕この32・３ｍという数字は覚えておいてください。ついでに49ｍも。これは２０１４年（パナマ運河開通１００年）に開通予定の、パナマ運河第３水路の新ロック幅です。その頃から、船幅が49ｍ近くの、揺れに関しては今よりもっと安定した船がきっと登場します。この２つの数字を覚えている人は、日本のクルーズ業界関係者にもほとんどいませんよ。

〔注2〕どのクルーズ船でも、船の重心部あたりが、揺れが一番小さいところです。一般の豪華客船では、それが３～４階辺りになります。

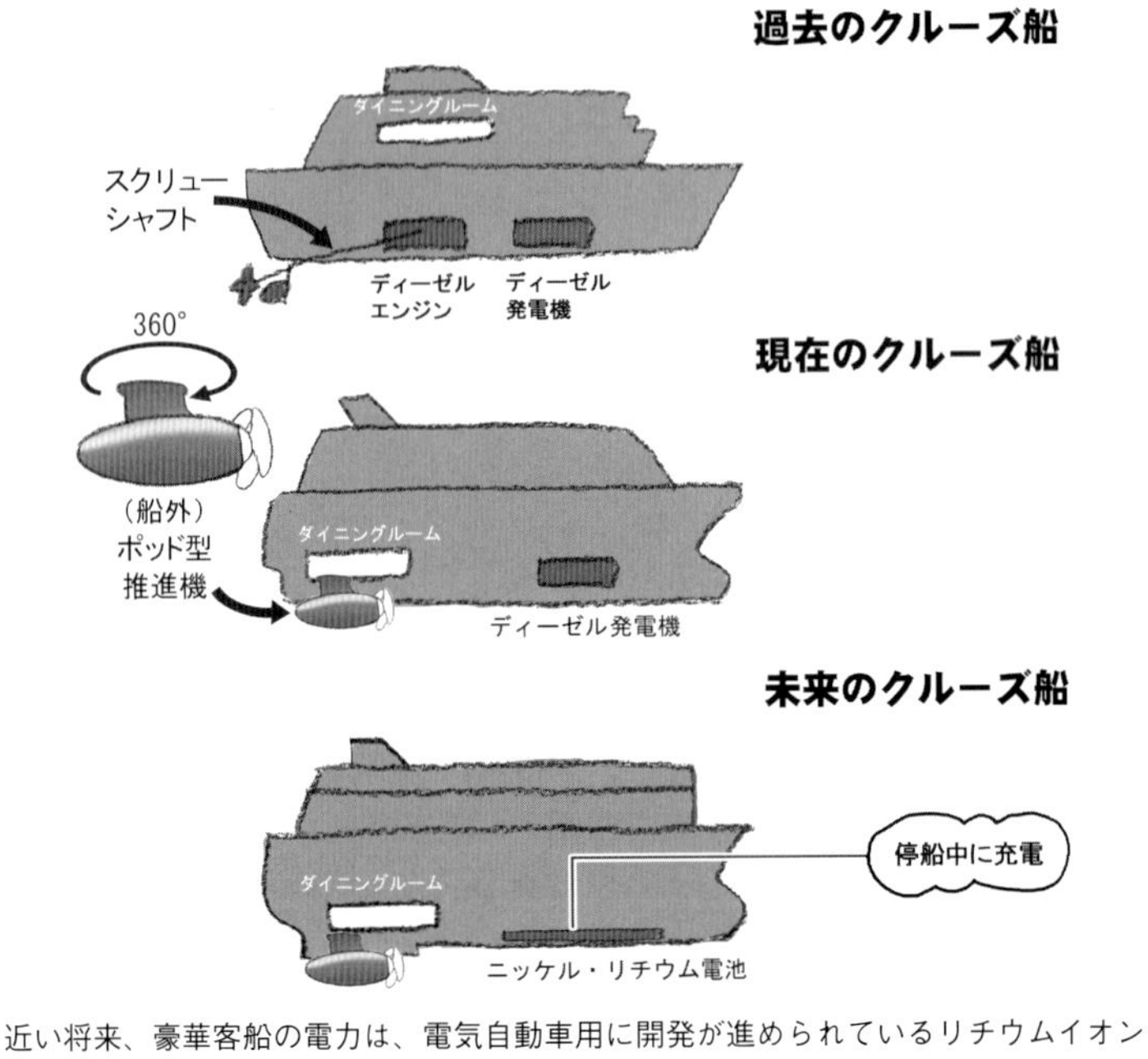

近い将来、豪華客船の電力は、電気自動車用に開発が進められているリチウムイオン電池から供給されるものと、私は期待しています。

なぜ、振動やエンジン騒音が消えたのですか？

豪華客船では、船のハード面もあちこちで大改善されました。船からスクリューシャフトが姿を消したのもその一つです。多くの豪華客船では、電気モーターにスクリューを付けて、それを船の後部左右の船腹に、船外機のように外付けしています（ポッド型推進機）。これで太いスクリューシャフトがなくなり、そのための振動もほとんど消えました。

以前、スクリューシャフトの通っていた場所は、豪華客船の多くが今は主ダイニングルームに使っています。水面に近いそこだと、接岸して大量の食材を搬入するにも便利ですし、船の重心も下がり、船の安定性が増します。

電気モーターに必要な電気は、今は船内のディーゼル発電機から供給していますが、ディーゼル発電機は船の中の一番条件の良い場所に設置できますから、その騒音もほとんど気にならないというわけです。

満室にして出港するためのクルーズ会社の努力

外国の各クルーズ運航会社は、窓なしキャビンだけでなく、すべてのキャビンを完売して出港するために、次のような努力を払っています。

◆比較的人気の低いクルーズやキャビンの料金を途中からでも思い切り安くしてネットで告知し、売り切ってしまおう。

◆クルーズ会社内に、特別販売チームを置き、そこで満室にするための秘策を練って、それを実行しよう。秘策ですから、その内容はお話しできません。

◆内側の窓なしキャビンにもバルコニーを付けて、キャビンのランクを上げて、少しでも高い価格で販売しよう。そのために船の中央部に中庭あるいは吹き抜けの空間を設け、元・窓なしキャビンを、オーシャンビューとまでは言えないものの、内側のバルコニー部に潮風だけは吹き抜けるようにしよう（向かい側には、対面側のキャビンのバルコニーが見えますが）。これは、ロイヤルカリビアン社が、カリブ海海域に就航する豪華客船で採用しています。

◆船体の上に、ティッシュボックス型の大型建物を建てる代わりに、五重塔型の円形建物を4～5棟並べて、全キャビンをバルコニー付きにしよう。これは5、6年前に、海外のあるクルーズ会社が構想を発表し、当時話題になりましたが、就航したという話は聞いていません。

インターネットを利用した変動クルーズ料金制

出発日が近づいてきたクルーズで、まだ売れ残っているキャビンがあれば、それに格安料金を設定して、その情報をインターネットで流して売り切って出港しよう、そんなやりかたが、今や海外のクルーズ業界では常識化しつつあります。

日本のクルーズネットワーク（まんぼうくらぶ）では、英語によるそれらの情報を日本語に翻訳し、さらに読みやすく再編集までした上で、ネットで流してくれています。出発直前にそんな格安情報を伝えられても困りますが、なかには90日も先のクルーズに関する情報も含まれています。あなたも、まずこのような、ネットサーフィンならぬネットクルーズから始めてみてはいかがですか。

ついでに、最近、私が耳にしたことをお伝えしておきます。海外のあるクルーズ会社の話です。「もし、先に定価でクルーズを予約されたお客様で、後からその同じクルーズの同じランクのキャビンが、ネットで安く売られているのを見付けられた方は、どうぞお申し出ください。確認させていただいて、それが事実と確認できたら、その差額を返金させていただきます」というのです。あくまで、ご本人からの申告があれば、というところがミソのようです。このやり方は日本のどこかの量販店さんが、以前から使っていなかったでしょうか。

これで採算がとれるのですか

とれるのです。

クルーズ会社では、1日10ドル見当のチップは別にして、次のような計算をしています。

各乗客からの売上＝クルーズ料金＋船内での消費額＋寄港地ツアー参加料

この3つはほぼ同額と考えているそうです。だとすると、7泊8日のクルーズ料金がたった30ドル〔注〕だったとしても、乗客が残り2つで、いつものようにお金を使ってくれれば、3つ合計の金額は少しへこむだけですみます。もし乗客が安いクルーズを手に入れた、といつもより気を大きくして気前よく消費してくれると、クルーズ会社の思うツボ。ごちそうさま、というわけです。

そこでクルーズ会社にとって大事なことは次の2つになります。

①30ドルでもいいけど、他にそれなりの可分所得のある方に乗船してもらうこと

②乗客が思わずお金を使いたくなるような魅力ある商品を船内ショップに取りそろえること。

〔注〕この30ドルはまんぼう情報でのキャリア・ハイですが、あのメキシコ風邪さわぎの初期に、実際にあるクルーズ会社から出された価格です。半日か1日で数百室が売り切れました。で、そのクルーズはメキシコには行かずに、無難な北の方に同じ7泊8日のクルーズに出掛けましたが、もともと乗るだけで楽しい豪華客船ですから、乗客は「どこにでも行って、でも1週間で帰ってきてね」とそれだけだったそうです。

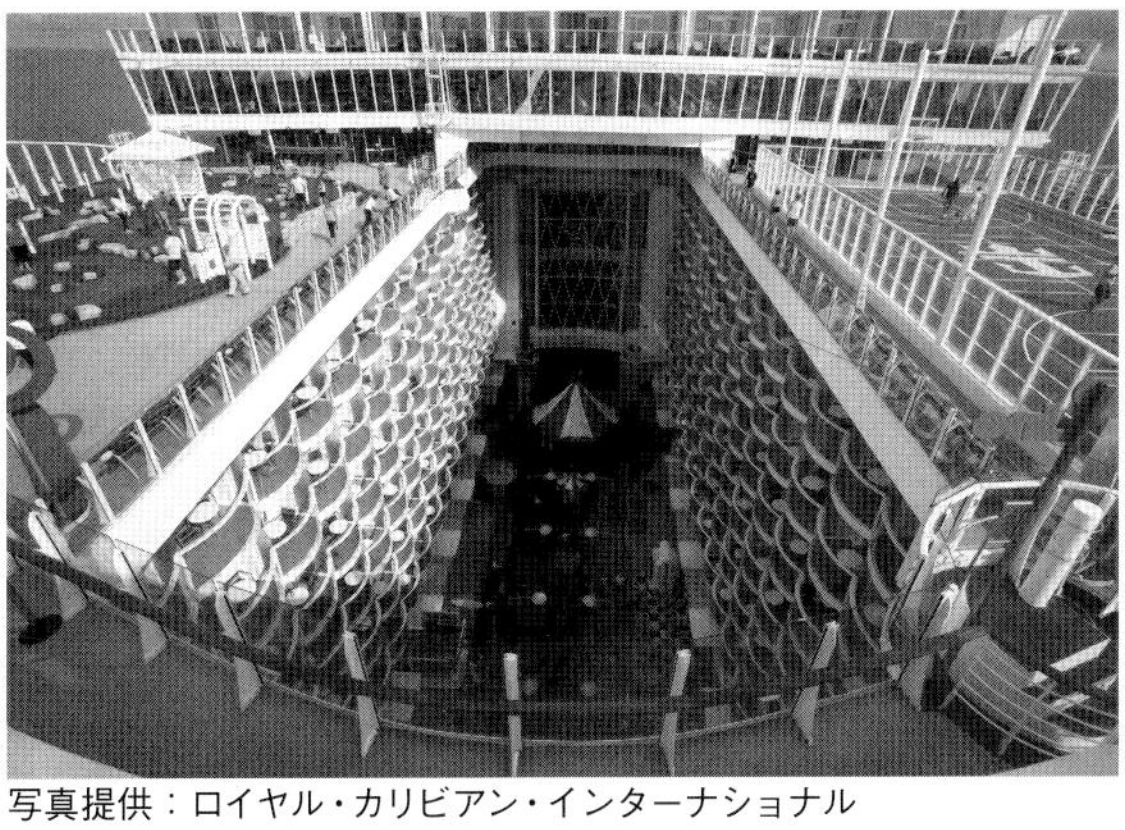

写真提供：ロイヤル・カリビアン・インターナショナル

洋上でのお洗濯

20ドル分くらいの25セントコインを陸上で用意しておきます。それで洗剤を買い、洗濯・脱水をし、乾燥機を使う。これは米国の共同住宅のと同じ。操作法が日本とはまったく違います。

まず上を向いて歩こう、です

セルフサービス式の洗濯機が設置されているクルーズ船では（設置されていない船もあります）、各階（デッキ）のどこかに洗濯機室が隠れています。一つの洗濯機室には洗剤販売機②、数台の洗濯脱水機と乾燥機③、それにアイロン（無料）が設置されているのが普通です。ただし、自動洗剤投入型の洗濯脱水機になっていたり、船によって多少の違いがあります。コインが要らない（つまり無料の）クルーズもあります。

まず洗濯機室の場所は客室サービス係がキャビンに来たときに尋ねておくのがベストです。自分で探すときは、坂本九ちゃんになりましょう。長い廊下を、写真①のような案内標識が見つかるまで、上（天井）を向いて歩きます。その階の廊下をぐるっと一周したのに見つからないときは、上下のデッキの廊下に移って根気よく探します。必ず見つかります。

押してもダメなら…

まず陸上の銀行で交換しておいた25セントコインで、洗剤を買ったり、機械を動かしたりします。

コインを立てる引き出し状のトレイ④のスリット（切り込み）に、コインを1枚ずつ立てられるだけ立てて（はめ込んで）いきます。コインをすべて立て終えてから、コインの乗ったトレイごと押してみます。押しただけではダメなら（動かなければ）引いてみます。そうするとコインが落ちる音がして、動き始めるか洗剤箱が出てきます。押してもダメなら引いてみな、これがあなたが学ぶ最初のアメリカ文化です。

ここで一言。コインを立てるスリットの幅がコイン2枚分入るほど広いところには、コインを2枚立てて入れます。これもアメリカ文化の一つです。

洗剤は持参 乾燥はキャビンで

もう30年も前ですが、ドイツで民宿の洗濯機を借りたところ、洗剤のせいか洗ったものがかなり黄色くなりました。それ以来、私は旅行カバンにビニール袋に小分けした日本の洗剤を入れています。

ところで、脱水が終わった洗濯物はキャビンに持ち帰り、そこらに広げておきましょう。豪華客船のキャビン内はエアコンが効いているので、2〜3時間で乾くようです。

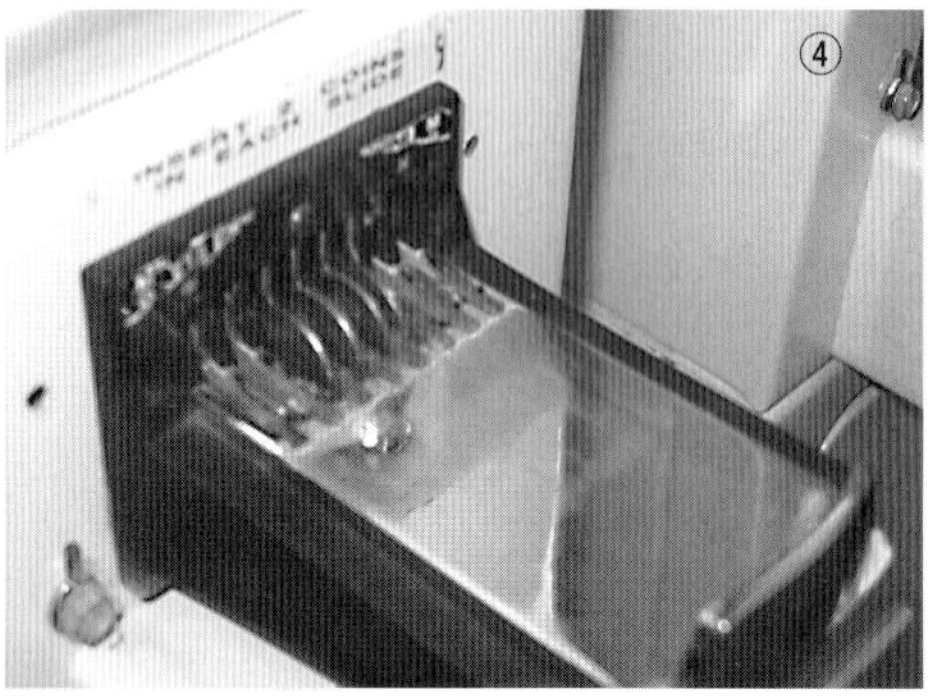

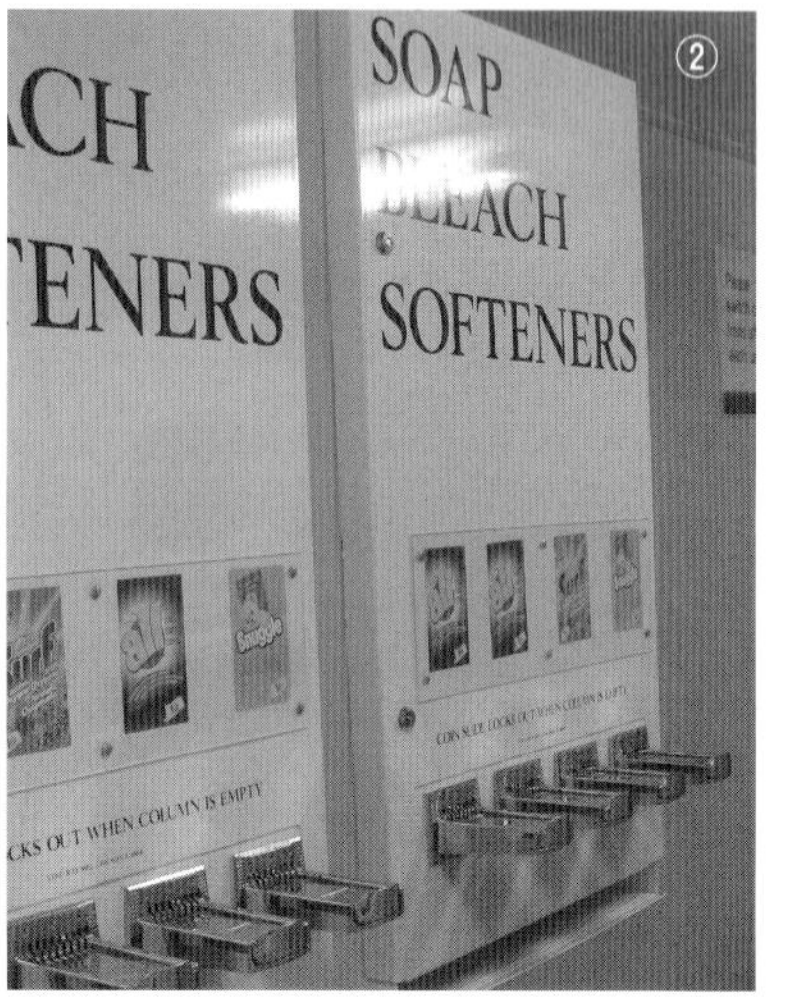

クルーズの世界では英語が標準語です

海事に関しては英語が標準語

ナポレオンの時代に、イギリス海軍はトラファルガー（スペイン）沖で、当時無敵を誇っていたフランス・スペイン連合艦隊を撃破しました。これは、世界史に必ず出てきますから、御存じでしょう。そのときから、海軍に限らず、こと海事に関しては、英語を標準語として使用することが決まったとされています。でも何でも英国流を押しつけたのではなくて、英国海軍での公式晩さん会はフランス料理とすることもそのとき決まったと伝えられています。

太平洋戦争中、日本では敵の言語である英語を使わず、野球でも審判は、よし（セーフ）、だめ（アウト）などと叫んでいました。そのときでも海軍では英語を標準言語として採用し続けました。でも当時、英語の辞書など町の書店には売られておらず、江田島（広島県）海軍兵学校では学生（兵隊）に研究社の英和辞典を貸し与えてしのいでいました。また、山本五十六連合艦隊司令長官は、軍艦内の公式晩さん会は最後までフランス料理で通したと伝えられています。

クルーズ船上で交わされる英語

世界のどの海域に就航しているクルーズ船でも、比較的発音明瞭な英語が話されています。ご参考までにカーニバル・スプレンダー号での最終ディナー〔注1〕のホテル長さんのご挨拶を、DVDのB1に収録しました。また、B2は半分はジョークのつもりですが、半分はマジです。

朝食のルームサービスは、注文カードにVを付けて午前4時までにドアの外に吊るしておくだけで、一切会話なしに注文できますが、他の時間帯のルームサービス（料金はもちろんインクルーシブ）は電話でその内容を頼む必要があります〔注2〕。御自分のキャビンでパーティーが開けるのですよ。それもほとんど無料で！ B2は、そのときにはこれくらいの会話力が必要ですよ、という訳です。

その他、ショアエクスカーション（寄港地観光）などで、危険が伴うようなスキューバダイビングなどに参加される方は、万一の場合にはこれくらいの会話力が必要かも知れません。ご参考になさってください。

なお日本人添乗員が付き添っているパック旅行型の海外クルーズでは、添乗員さんが「みなさま、このお料理にしましょうね。早く食べ終えてショーの良い席を取りにいきましょう」とか、親切に面倒を見てくれるので、お客は日本語だけでもなんとか過ごせます。とはいえ、それは団体行動している間だけで、ルームサービスなどの個人の船内生活支援にまでは手が回らないのが普通です。やはり、自分が英語である程度やっていけると、クルーズライフの楽しみは倍増するようです。

〔注1〕一週間以上のクルーズでは、最終ディナーの前日のディナーをサヨナラ・ディナー（これは正装）と呼んで、最終ディナー（これは平服）と区別することがあります。

〔注2〕朝食以外のルームサービスやその内容については、船の厨房やキャビンの広さ、タイプによっても異なるようですので、関心のある方は乗船手続き時にクルーズ会社に直接確認されるのがよいと思います。日本のクルーズ代理店にはそのような詳しい情報まで伝わってきていないのが普通です。

ALL IN A DAY'S PLAY

TODAY'S TOP TEN

1. MEGACASH
"There's a huge, giant, larger-than-life jackpot and it could be yours. But remember, you gotta play to win."
Royal Flush, 5 Mid

2. TOWEL FOLDING FUN
Let your cabin stewards and entertainment team show you how to turn two simple towels into a vast array of cute, cuddly animals.
10:00am
Spectacular Theatre, 3 Fwd

3. GROOVE FOR ST. JUDE™
Do good. Feel good. And help some kids – also good, right? Grab your groove thang and sign up at Formalities for this special dance event. A $10 donation to St. Jude gets you a T-shirt and wristband.
:00pm
Red Carpet, 5 Aft

WAKE UP FUN-STYLE
e into your Cruise Director Goose, Live on Channel 2
the seaside theater for information, dedications & fun!
m
Channel 6

CO 101
l the disco moves everyone has tried to forget.
h em – you've
do it. So go ahead, get funky. "
Spectacular Theatre, 3 Fwd

AR'S CLUB
you can bluff your way through totally made-
descriptions. Have you got what it take to
f judg st be 18 or older.
Spectacular Theatre, 3 F

OWERBALL

GET YOUR GROOVE ON

VARIETY MUSIC WITH AL
12:00pm - 1:30pm — Gold Pearl, 3 Aft
3:00pm - 4:00pm (Tea Time) — Gold Pearl, 4 Aft
5:00pm - 6:00pm — Robusto, 4 Mid

ISLAND SOUNDS WITH KOLORZ
1:15pm & 6:30pm — Lido Stage, 9 Fwd

GUITAR MUSIC WITH JEFF
1:15pm - 6:15pm — Royal Flush Casino, 5 Mid

JAZZ MUSIC WITH SPLENDOR SHOWBAND
5:00pm – 6:00pm — The Cool, 5 Aft

PARTY MUSIC WITH HIGHLIGHTS
5:00pm – 6:00pm & 8:00pm - 12:00am — El Morocco, 5 Aft

GUITAR & VOCALS WITH LOU
7:00pm - 12:00am — Royal Flush, 5 Mid

DANCING WITH MUSIC & MAGIC
7:00pm – 12:00pm — Splendor Lobby, 3 Mid

SING-ALONG PARTY WITH PATRICK
9:00pm – 2:00am — Grand Piano, 5 Aft

DANCE PARTY WITH DJ ERNESTO
5:00pm – 6:00pm (Motown) — Red Carpet, 5 Mid
10:00pm – Late — Red Carpet, 5 Mid

HIT THE JACKPOT
SLOT TO

CARNIVAL LEGENDS
Presented by your Cruise Director Goose
Starring:
Your Fellow Guests
The Splendor Dancers & vocal dynamics of
Adriane & Brent
Live music by Jimmy & The Splendor Orchestra
10:30pm One Show Only — Spectacular Theatre, 3 Fwd
Due to copyright law & safety of the performers, videotaping & photography are strictly prohibited.

LEGENDS PERFORMERS
James Brown: Devon Labomme
Aretha Franklin: Rita Desiree Lewellen
Elton John: Chris Ware
Garth Brooks: Steve Daniels
Madonna: Susan Foutz
Britney Spears: Ilene Rosas (ilene rosas)
Ricky Martin: Anthony Orsillo
Gloria Estefan: Mary Griffith
Elvis Presley: David Swope
Frank Sinatra: James Grow

GET IN ON THE ACT
CARNIVAL CASH CRAZE
You have played them all cruise long. But today is the day where you find out whose getting up to $500
10:00pm
WIN A CRUISE RAFFLE DRAWING
Last Chance to get these Raffle Tickets tonight! Someone will wi

PLAN ON IT
FUTU

毎日キャビンに届けられる船内新聞

アメリカで合法的に働くには

クルーズでなんとか西洋人に混じってやっていけると自信がついたらどんどん海外に飛び出しなさい、と言いたいのですが、ここではちょっと厳しいお話を。

アメリカで働くには就労ビザが必要

日本国籍を持つ人がアメリカなどの海外で合法的に働くには、H1ビザなどに代表される就労ビザを取得しなければなりません。ご存知のように、視察・出張などのビジネスや観光の場合は、3カ月間までビザ無し渡航（通称〈観光ビザ〉と呼ばれます）が認められていますが、この観光ビザのステータスでは、アルバイトも含め、アメリカ国内で就労することは一切できません。就労目的でアメリカに渡航する場合は

①アメリカの企業から採用内定をもらう
②その企業の人事部を通して移民弁護士を雇い、移民弁護士を通じてアメリカ合衆国移民局に就労ビザを申請
③申請から3～4カ月後に、ビザが認可される
④許可書や必要書類を日本国内のアメリカ領事館に持参し面接を受け、ビザ・スタンプをパスポートに押してもらう

のようなプロセスを経て就労ビザを得て、初めて合法的に就労できます。移民弁護士の費用は3千ドル前後です。会社が負担してくれるケースが多いですが、中小企業の場合は一部ないし全額が個人負担となる場合もあります。人事部に確認してみるとよいでしょう。

よくドラマや映画に登場する〈とりあえず渡米して、アルバイトで食いつなぎ、アメリカン・ドリームを実現する〉というのは、現実には不可能であり、大変な不法行為であるということを、よく認識しておく必要があります。

なお、アメリカ市民権を持つ人と結婚した場合には、グリーンカード（永住権）を比較的短期間で取得できます。しかし、グリーンカードを持つ外国人（＝市民権を持たない人）と結婚した場合、グリーンカードの取得には5年以上を要し、その間はご自身で就労ビザを取得した場合を除き、3カ月を超える滞在や、就労はできません。詳細は、移民弁護士に相談するとよいでしょう。（この項の執筆は映像ジャーナリスト鍋潤太郎）

7年休みなしで働いて2年の休暇

クルーズ船の居住区やレストランで働く乗組員は、マリンビザを持っています。これがあれば船の中で働くことはもちろん、世界のどこの寄港地でも制限付きですが上陸できます。

船の上では連続勤務、その代わり基地に帰ったら1週間につき2日の割合でまとまった有給休暇を与える。これがクルーズ業界の常識です。だからクルーズの乗組員は、7カ月連続勤務して約2カ月連続で休暇を取ってもよいし、7年連続勤務して2年連続休暇〔注1〕をとってもいいのです。家庭持ちは後者を選択するそうですが、インターネットのお陰で、船の上でも家族と毎日顔を合わせることができるようになったからでしょう。

クルーズ船では、ロビーなどの共用スペースで無線LAN〔注2〕が使えるのが常識です。新しい豪華客船では各キャビンで有線LANが使える船も一部にあり、その接続法など、どの乗組員も熟知していて、何か尋ねるとパッと手が出て教えてくれます。ただ乗組員はあなたの持ち込んだパソコンが表示する日本語は読めませんから、その点は要注意ですが。

〔注1〕さすがに有給休暇ではなく、休暇中は無給が普通だそうです。
〔注2〕20分で30ドルとかのLAN利用カードを購入するのが一般的です。

ロサンゼルス・エンゼルスのアナハイム・スタジアムはディズニーランドの隣にあります。ロス市内からは、ロングビーチ港と同方向。ロングビーチ港からクルーズに行くときの前泊・後泊時に、この球場でイチローの出場試合を観戦するのも一案です。

＜2011年、アナハイム・スタジアムに登場する、イチローの MLB 試合予定＞

6月13日(月) 19:10～	8月 5日(金) 19:05～
14日(火) 19:10～	6日(土) 18:05～
15日(水) 19:10～	29日(月) 19:10～
7月 7日(木) 19:05～	30日(火) 19:10～
8日(金) 19:05～	31日(水) 19:00～
9日(土) 18:05～	9月1日(木) 19:10～
	5日(月) 18:05～
	6日(火) 19:05～
	7日(水) 19:05～

（イチローの守備位置に近い、ライト側外野席が狙い目です）

【イチローは後姿でもカッコ良かった】
イチローのようにアメリカで活躍するスポーツ選手たちも、きちんと就労ビザを取得した上で、プレーを行っている。
（2010.5.29. マリナーズ対エンゼルス戦 アナハイム・スタジアムにて、映像ジャーナリスト鍋潤太郎撮影、オフィス・イチロー、バウ企画承認済み）

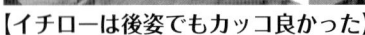

船旅での前泊と後泊

クルーズ船の出港前夜そこで1泊するのを前泊帰港して、その近くに泊まるのを後泊と呼んでいます。私はこのうち前泊をとくに大事なものと考えいつも必ずそうしています。

前日中に乗船口まで下見しておきます

私は、出発港のクルーズ出発口が近いツーリストホテルに必ず1泊します。そして、前日中に、出発口まで歩いて下見をし、その帰りには、ホテルまで（明日カバンを引きずって）歩く道と所要時間とを確認しておきます。

そして出港当日は、昼過ぎには乗船手続きができるよう見計らって、ホテルを出ます。定期運航しているメジャーなクルーズ船は、たいてい朝早く帰港して乗客を昼までに降ろし、午後から新しいお客を迎えて夕刻に出港するのが普通です。そうすれば、乗客は船内で最初のディナーをゆっくり味わえるし、船体の方もフル回転できます。

私はまだそれほど混み合わないうちに乗船して、カバンを引きずったまま、ビュッフェでランチをいただくことさえあります。そして3時過ぎ、準備が整うのを待ってキャビンに入り、カバンの中味を引き出して衣装棚やロッカーに移します。空になったカバンをロッカーに放り込んだら終わり。マイルームの完成です。イチローさんのあの仕草とは申しませんが、これが私のクルーズでの儀式になっています。

天津のツーリスト・ホテル。1泊朝食付きで2,000円くらい。YMCA ホテル風。

前泊すれば、このように気持ちにゆとりを持って、クルーズ第1日のスタートを切れます。これがクルーズオタクのやりかたです。

クルーズは、今でもマイナーな旅行です

クルーズ出発港のことを、地元の人は知っているようで、実は正確には知らないことが多いのです。海の船旅でも、河の船旅でも。実際にそのクルーズを利用したことのあるタクシー運転手など、ほとんどいません。一方で、クルーズ人口が復活してきたので、どこの港でも改修工事が盛んです。神戸も、釜山も、上海でも（上海はやっと完成しましたが）。

その出発港の中で、クルーズの出発口はしばしば変更されます。もう10年も前、サンディエゴでのことですが、バスセンターでタクシーに乗り換え、「港まで」と頼みました。20分ほど走って、「着いたよ」と言われ、料金を払って車を降りました。なるほど、金網で囲まれた大きな港です。ゲートに着いて驚きました。そこは海軍の軍港の入り口でした。タクシーはもう帰ってしまっていません。この後の、そんなとき10ドル紙幣が役に立つというお話は、またどこかで。実際の船の出発口は、晴海から川崎くらい離れたサンディエゴ港の一角にありました。2009年には上海でも迷いました。前泊の予定でいれば、こんなことがあっても何とかなります。

それにヨーロッパでは、昔、港を中心として街が形成された事情もあり、下見を済ませたあとはゆっくり港街情緒にひたることもできます。これなど、パック旅行では味わえないFITの醍醐味といえます。

楽しかったクルーズの整理をするのが後泊ですが、それはまた改めて。

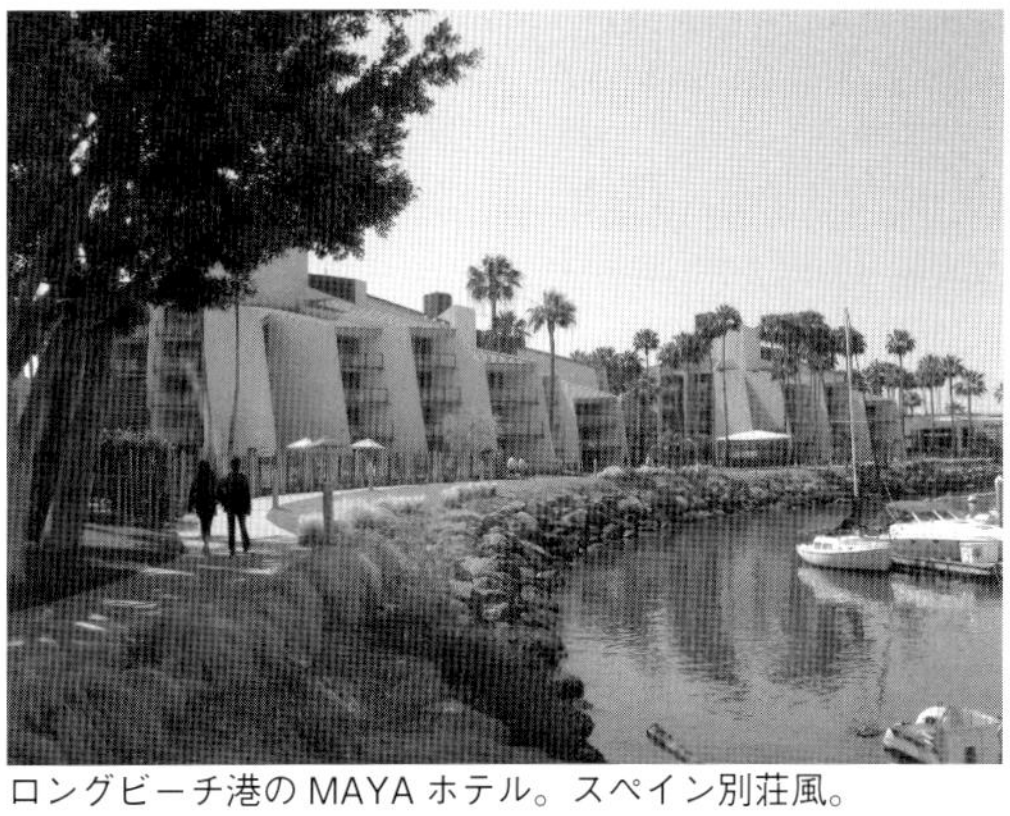

ロングビーチ港の MAYA ホテル。スペイン別荘風。
桟橋まで徒歩10分。

アメリカと中国全土に数千のチェーン・モーテルを経営する、8 MOTEL。宿泊代は一般ホテルの約5分の1。

クルーズの品位、品格

**価格も手頃で徹底的に楽しいクルーズが多い中に
どことなくシックで品格さえ漂うクルーズもあります**

私は品格について語れる柄ではありません

私はどちらかというと、人も知る品格を欠く方の人間です。小学生のころ集団疎開も経験し、村の小川のドジョウを食べつくして、今度はトンボだ、と食べ始めたところで戦争が終わり、がい骨人間同様になって焼け残った甲子園の家に戻ってきました。ですから今でもどんな下層生活にも耐えられますが、とても品格について語る資格などありません。

そこで、ここは品位・品格のあるクルーズにお詳しい祖師英夫さん（PTSクルーズデスク）のお話（海事プレス社『クルーズシップ・コレクション2010-2011』より）を引用させていただく形でつくろいたいと思います。氏はお仕事柄、品格のある外国クルーズ船への乗船経験も豊富です。私は氏のご報告と、池田良穂先生（大阪府立大学）のご報告を読んでおくと、世界のクルーズ業界の行方がほぼ分かると思っています。

クルーズ会社で選ぶとしたら

祖師さんは、世界のクルーズ会社を3ないし2つのランクに分けて、品格あるクルーズ（ラグジュアリー・クラス）として次の会社を上げておられます。なるほど、私はこれらの会社のどの船にも乗っていませんので、この選択はきっと当たっています！

- ■ハパグロイド・クルーズ
- ■シーボーン・クルーズ・ライン
- ■シルバーシー・クルーズ
- ■リージェント・セブンシーズ・クルーズ
- ■ポール・ゴーギャン・クルーズ
- ■ウインドスター・クルーズ
- ■クリスタル・クルーズ
- ■キュナード・ライン
- ■シークラウド・クルーズ
- ■レジデンシー

クルーズの品格を決めるのは

私は図のように、クルーズの品格を左右するのは乗組員とその日の乗客次第、つまり人だと信じています。乗組員はその就航水域により、ヨーロッパ系、中南米系、東南アジア（フィリピン、タイ、インドネシア）系と分かれますが、どち

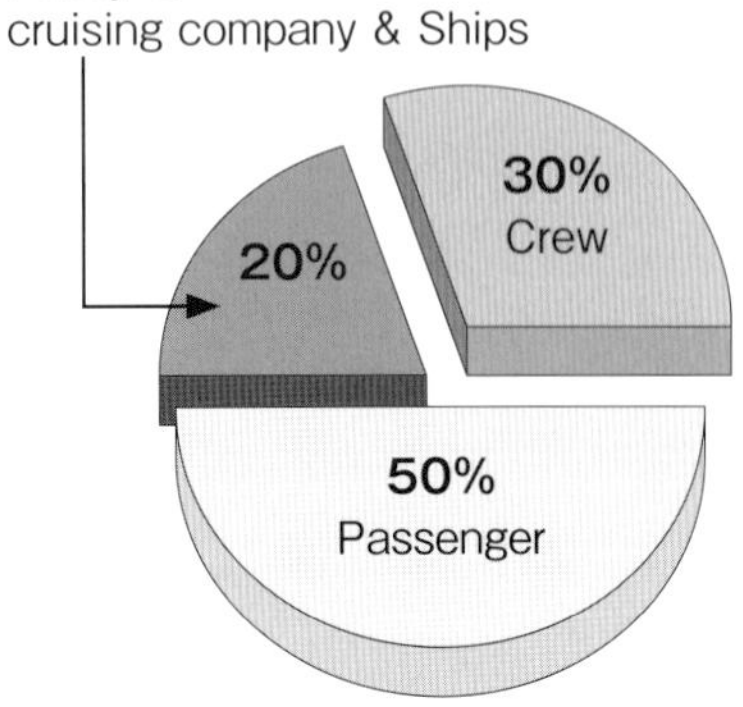

らかというとヨーロッパ系乗組員に品位のある人が多いため、ライン河やドナウ河に就航している河船や北欧の海のクルーズには品格のあるものが多いようです。

次に乗客についてですが、その日の乗客の中で最も品格を欠いている人によって、そのクルーズ全体の品位ないし品格が決まると考えています。私はそれが分かっているので、クルーズ中だけは、いかにも自分は品格があるかのように振る舞います（プリテンドします）。肩が凝りますが。

オーシャニア・クルーズ社のこと

独特の航路バリエーションで、クルーズの品位・品格を保ち続けている、オーシャニア・クルーズという異色のクルーズ会社があります。保有しているクルーズ船はわずか4隻で、いずれも3万トンから6万トンの小型船です。カーニバル社やロイヤル・カリビアン社のメガシップが米国のロングビーチやマイアミに腰を据えて定地定点運航を繰り返して安価なクルーズを提供しているのと好対照です。品位と品格を備えていると定評のある新鋭船マリーナ号の２０１１年の運航予定と、その16泊17日（２０１１年11月24日）のローマ↓マイアミ大西洋横断クルーズの航路表とクルーズ料金をご紹介します。どうか深ーいため息をつきながらご覧ください。

■マリーナ号（64頁）年間運航予定

出航日		日数	乗船地/下船地
1月22日	土	13泊14日	バルセロナ/マイアミ
2月8日	火	18泊19日	マイアミ/サンフランシスコ
2月26日	土	18泊19日	サンフランシスコ/マイアミ
3月16日	水	12泊13日	マイアミ/マイアミ
4月16日	土	10泊11日	バルセロナ/ローマ
4月26日	火	10泊11日	ローマ/ベニス
5月6日	金	10泊11日	ベニス/アテネ
5月16日	月	10泊11日	アテネ/バルセロナ
5月26日	木	16泊17日	バルセロナ/コペンハーゲン
6月11日	土	10泊11日	コペンハーゲン/ストックホルム
6月21日	火	10泊11日	ストックホルム/コペンハーゲン
7月1日	金	14泊15日	コペンハーゲン/ロンドン
7月15日	金	14泊15日	ロンドン/ロンドン
7月29日	金	12泊13日	ロンドン/ロンドン
8月10日	水	16泊17日	ロンドン/ローマ
8月26日	金	12泊13日	ローマ/ベニス
9月7日	水	12泊13日	ベニス/イスタンブール
9月19日	月	12泊13日	イスタンブール/アテネ
10月1日	土	10泊11日	アテネ/ベニス
10月11日	火	10泊11日	ベニス/ローマ
10月21日	金	12泊13日	ローマ/イスタンブール
11月2日	水	12泊13日	イスタンブール/アテネ
11月14日	月	10泊11日	アテネ/ローマ
11月24日	木	16泊17日	ローマ/マイアミ

クルーズ代理店㈱ティーアンドティー（03-6794-1320）

■マリーナ号　ローマ→マイアミクルーズ（2011年11月24日出航、16泊17日）

◎スケジュール

	スケジュール		入港	出港
1	ローマ/チビタベッキア	イタリア		21:00
2	終日航海/地中海			
3	バルセロナ	スペイン	8:00	20:00
4	終日航海/ジブラルタル海峡			
5	タンジール	モロッコ	8:00	18:00
6	終日航海/大西洋			
7	フンシャル/マデイラ	ポルトガル	8:00	17:00
8	終日航海/大西洋			
9	終日航海/大西洋			
10	終日航海/大西洋			
11	終日航海/大西洋			
12	終日航海/大西洋			
13	ハミルトン	バミューダ諸島	14:00	
14	ハミルトン	バミューダ諸島		15:00
15	終日航海/大西洋			
16	終日航海/大西洋			
17	マイアミ	アメリカ	8:00	

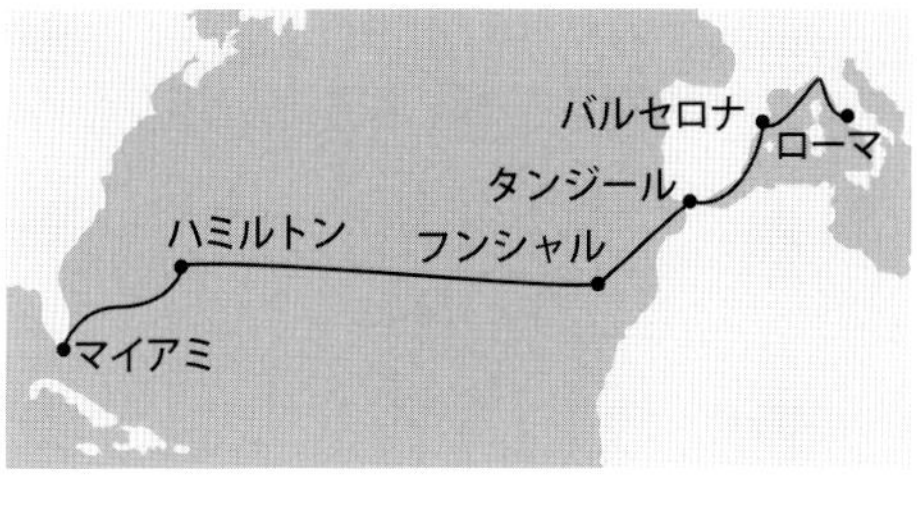

◎客室タイプと早期割引料金の一例

ベランダ付きスイートルーム

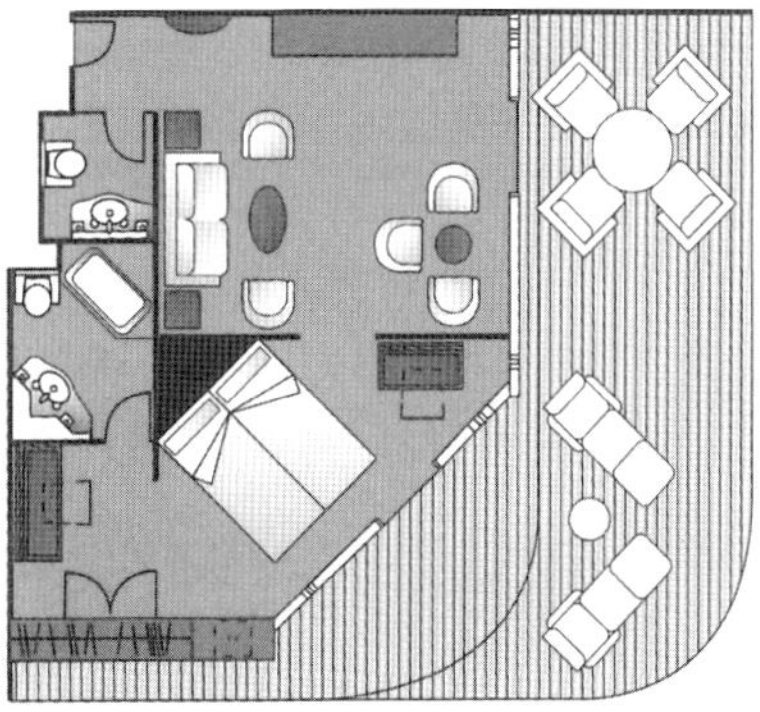

すべてのレストランからルームサービス可、バスタブあり
$12,499（泊当たり単価 $781）

ベランダ付きツインルーム

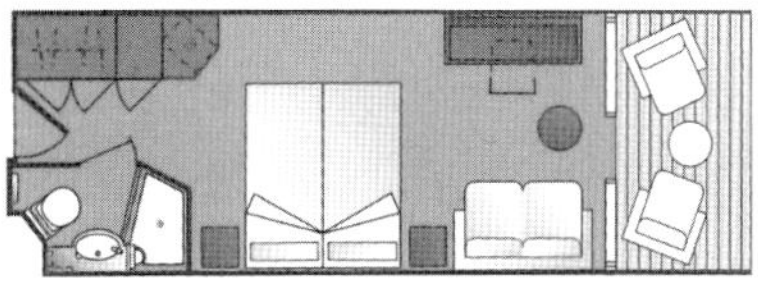

シャワー
$3,299（泊当たり単価 $206）

窓なしツインルーム

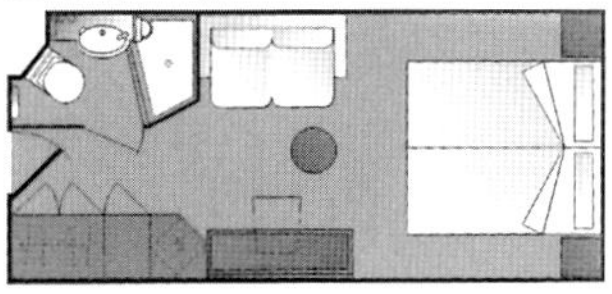

シャワー
$1,799（泊当たり単価 $112）

ブリフィックス・スタイル フルコースのディナー

カーニバル・スプレンダー号の場合、ダイニングルームは2か所にあります。イタリア料理が多いようです。ディナーは、フルコースのしかもブリフィックス・スタイル。ブリフィックス・スタイルというのは、このメニューにあるように前菜は6種の中から、メインコースは10種の中から、それぞれ好きな料理が選べることを指し、日本によくあるフルコース定食（?）の対となる呼び名です。

それぞれ何種類の料理を注文してもかまいません。小食の方は、イタリア風の野菜スープ（ミラノ風ミネストローネ）と、ギリシャ風ファーマーサラダと、ブラックタイガーのシュリンプカクテルというように、前菜の中から3皿選んでもいいのです。シュリンプカクテルはこのディナーでの人気料理の一つだそうで、DVDのA4の映像に登場するハーデマンさんも、「これはいけるよ」と仰って召し上がっています。このハーデマンさんは大変なクルーズマニアで、2か月に1回くらいの割合で各社のクルーズに出掛けている、この道の通です。このクルーズのあとに頂戴したメールでも、カーニバルの料理はよかった、と褒めておられました。

なお、この日のメニューにはロブスターテイルのオーブン焼きがありますが、ロブスターテイルは7回のディナー

Main Courses

The Chef Recommends

Spaghetti Carbonara
Tossed with a Creamy Bacon, Cheese and Garlic Sauce
Also available as Starter

Supreme of Hudson Valley Duck
Presented with Roasted Broccoli Florets, Yukon Gold Potato Mash

Grilled Fillet of Corvina
Roasted Broccoli, Yukon Gold Potato Mash, Lemon Caper Dressing

Duet of Broiled Maine Lobster Tail and Grilled Jumbo Black Tiger Shrimp
Yukon Gold Potato Mash, Roasted Broccoli Florets

Tender Roasted Prime Rib of American Beef au Jus
Cooked to Perfection, Baked Potato with Traditional Toppings

Chili Rellenos
Tomato and Broccoli Stuffed Pepper
Baked with Aged Cheddar and Manchego Cheese

Carnival Classics

Broiled Fillet of Mahi Mahi
Served with Vegetables of the Day

Grilled Breast of Corn Fed Chicken
Served with Vegetables of the Day

Grilled Flat Iron Steak from American Choice Beef
Served with Vegetables of the Day and Red Bliss Potatoes

Baked Idaho Potatoes, French Fries or Steamed White Rice

Assorted Steamed Vegetables

S・P・A

These Items are Lower in Calories, Sodium, Cholesterol and Fat. Salads are prepared with Diet Dressing. Calorie Count and Fat Content can vary up to 10%.

Pan Fried Basa Fillet
Over Cured Tomatoes and Roasted Broccoli, Citrus Tomato Broth
[320 Calories, 6 grams of Fat, 0 grams of Trans-Fat]

D72B.0610

レストランで食事中の双子の姉妹

で2回くらいしか出ません。それも普通はニュージーランド産が多いのですが、この日はメイン州産のものが供せられていました。なお、余談ですが、ニュージーランド産ロブスターの養殖には、神戸大学が協力しています。
　メニューにあるローストプライムリブは、厚いが柔らかい肉料理です。ローストと書いてありますが、まるでスチームを通したように柔らかです。米国ではよく食べますが、日本ではあまり馴染みのない肉料理の一つです。これは毎ディナーに出ますから、ホースラディッシュをたっぷり乗せて召し上がってみてください。

ディナーに3時間掛ける人も

アルコールを飲まれないご婦人がいらっしゃるディナーの席では、男性もアルコールを控えるのが、成熟した国でのマナーです。それは初日の席で分かりますから、アルコールの恋しい男性は、翌日から船内の方々にあるバーに5時頃から姿を見せ始め、そこでひとり晩酌を始めます。DVDにはミュージシャンが何組か登場していますが、その映像は主ラウンジのバーで、毎夕5時前から始まる演奏風景を撮ったものです。そこで生演奏を聴きながらチビリチビリやるのは格別です。そして6時きっかりにはダイニングルームに移動するのですが、バーから計算すると、ディナーに3時間も費やしていることになります。でも、みなさんと一緒に食事していると、決して長いとは感じられないのが不思議です。

前菜
料理長のお奨め

ストロベリー・ビスク(Strawberry Bisque)
フレッシュミントを添えたクリーミーな冷製ストロベリー・スープ

ミラノ風ミネストローネ(Minestrone)
プラムトマト、豆、パスタを使ったイタリア風の野菜スープ

新鮮な洋ナシと柑橘類のカルパッチョ(Carpaccio of Pear and Citrus)
洋ナシのスライス、くし型のオレンジとグレープフルーツをカンパリとライムジュースでマリネ

西インド風ロースト パンプキン スープ(Pumpkin Soup)
ゆっくりローストしたかぼちゃをチキンスープでのばし、アクセントにクリームを使用

ホワイトマッシュルームの詰め物のオーブン焼き(Baked Mushrooms)
ホウレンソウ、ロマーノチーズ、ハーブ入り

ギリシャ風ファーマーサラダ(Greek Salad)
レタス、キュウリ、ピーマン、トマト、タマネギ、ブラックオリーブ、
フェタチーズをヴィネグレットドレッシングで和えて

カーニバル・クラシック

新鮮なフルーツサラダ(Fruit Cocktail)

ブラックタイガーのシュリンプカクテル(Black Tiger Shrimp Cocktail)
アメリカンカクテルソースとともに

シーザーサラダ(Caesar Salad)
ロメインレタスの内側の葉を使用し、おろしたてのパルメザンチーズ、
アンチョビ、ハーブ風味のクルトンを加えて、シーザードレッシングで

メインコース
料理長のお奨め

スパゲッティ・カルボナーラ(Spaghetti)
ベーコン、チーズ、ガーリックのクリーミーなソースを和えて
前菜としてもお召し上がりいただけます。

ハドソンヴァレー産鴨シュープリーム(Supreme Duck)
ブロッコリローズのロースト、ユーコンゴールドポテトのマッシュ

ビクトリア産パーチの切り身のグリル(Grilled Perch)
ユーコンゴールドポテトのマッシュ、レモンケーパードレッシング添え

メイン州産ロブスターテイル オーブン焼きとジャンボブラックタイガー グリルのデュエット(Lobster & Shrimp)
ユーコンゴールドポテトのマッシュ、ローストブロッコリ

アメリカ牛のローストプライムリブ(Prime Rib)
オーソドックスなスタイルのベイクドポテトを添えて

チリ・レジェーノス(Chili Rellenos)
ピーマンにトマトとブロッコリを詰めて
熟成チェダーチーズ、マンチェゴチーズとともに焼き上げた一品

カーニバル・クラシック

鯛の切り身、オーブン焼き(Mahi Mahi)
日替わりの野菜とともに

鶏胸肉のグリル(Grilled Chicken)
日替わりの野菜とともに

アメリカンチョイスビーフのフラットアイロンステーキ・グリル(Grilled Steak)
レッドブリス・ポテトと日替わりの野菜を添えて

アイダホ産ベイクドポテト、フライドポテト、またはライス(Potatoes, Fries or Rice)

蒸し煮野菜の盛り合わせ(Assorted Vegetables)

D72.0109-J

5つのバーを取り仕切るマネージャー

オーストラリアのビールFOSTER'Sは、コクがあり、ドイツや日本のビールに似た味がし、お勧めです。

バリアフリーと船内での医療

豪華客船は完全にバリアフリー、車椅子も用意されています

船は非常時に備えて隔壁構造になっているため、従来の船では廊下にかなりの高さの段差がいくつもありました。しかし豪華客船では、通路にもキャビンにも、段差はほとんどありません。残っている段差は、各キャビンから外のデッキへの出入口のところだけです。

乗船口や船内には車椅子がたくさん用意されています。今ではどのクルーズ船への乗り降りも、空港とほとんど同じで、段差の心配はありません。寄港地でボートに乗り換える場合でも、屈強な船員が数名待機していますから、寄港地観光にも車椅子で安心して出掛けられます。もちろん、ダイニングルームにも車椅子のまま入れます。

船内での診療設備

私はあるとき、キャビンからバルコニーに出る際に、足の親指の先を段差にぶつけました。これまでにも何回かぶつけていたところで、その上、私は血をさらさらにする薬を常用しているので出血がなかなか止まりません。そこで客室係の助けを借りて、車椅子で〔注〕船内の医務室に向かいました。

船底部にある医務室の重いドアを開けると、そこに現れたのは医務室というより病院でした。レントゲン装置や、その他の検査器具がずらりと並び、診察室や病室が通路の両側に並んでいます。医療スタッフも10人はおられたでしょうか。

私は椅子に座って少し待ちましたが、多くの乗組員がそこを訪れ薬をもらっていることを知りました。考えてみれば、その船には乗客3千人と１５００人くらいの乗組員が生活しています。乗組員は連続勤務ですから、当然、病院の世話になることも多くなるでしょう。そのためには、かなり充実した診療設備が必要で、その余力でお客様の診療にも当たる、そんな雰囲気でしたが、これは素晴らしいなあと感心しました。なお、そこには3名の救急救命隊員もいました。

私は、交換用のバンドエイドももらってキャビンに戻りましたが、それくらいの治療は無料でした。

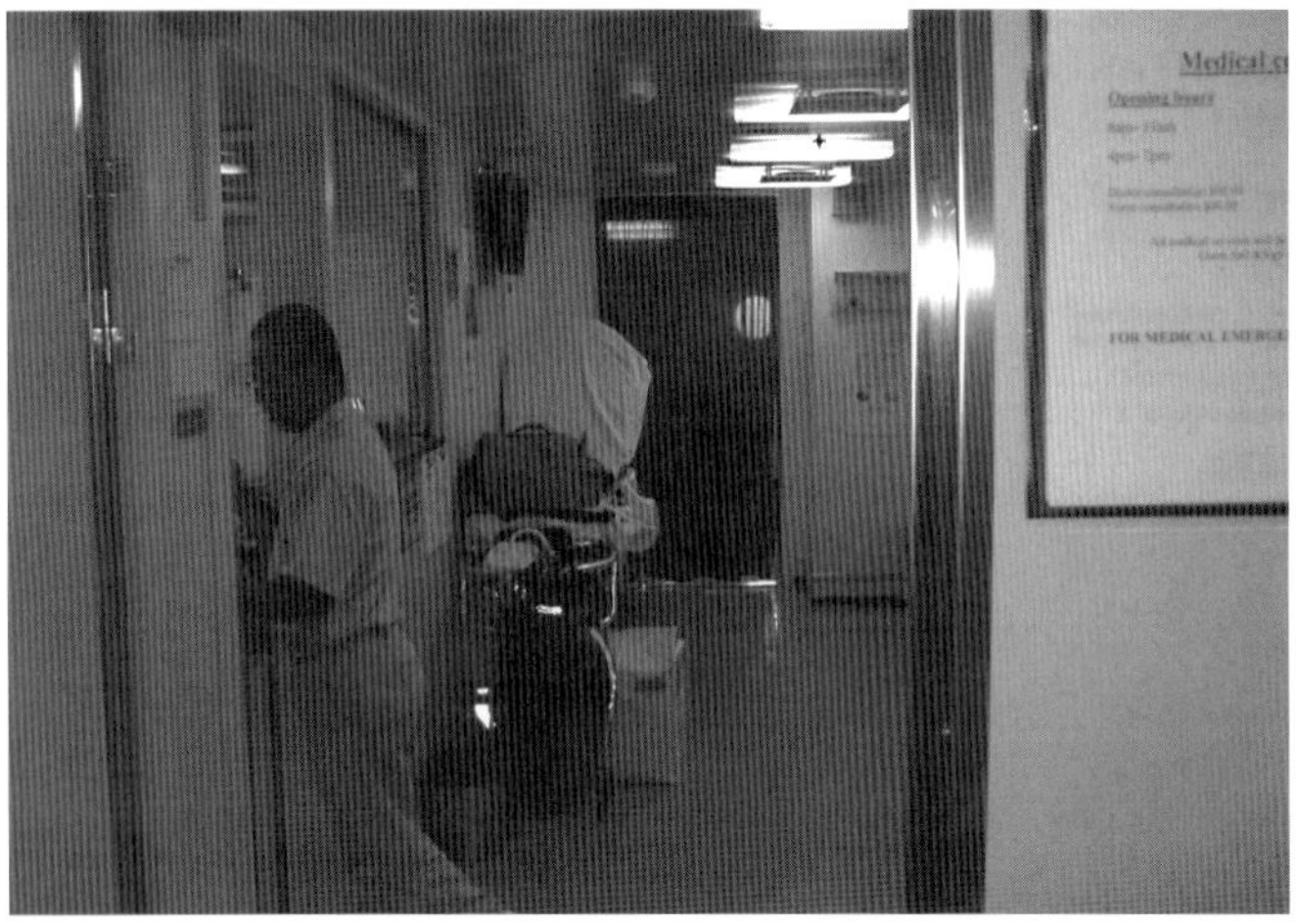

〔注〕私は以前、客室係に、ピザなどをキャビンに自分でテイクアウトしていいのか、と尋ねたことがあります。その答えは、OK！ でもピザや飲み物は必ずトレーに乗せて、下に液体がこぼれないように持ち帰ってほしい、とも。コーヒーを通路のカーペットに延々とこぼされたのでは、その始末が大変なんだそうです。そのことを覚えていたので、けんけんして自力で医務室に行くのを止めたのです。
みなさんも、もし誤ってカーペットを液体で汚してしまったら、乾かないうちに直ぐに電話で客室係を呼んでください。電話する前に、汚したところにコップの水をかけておいてあげたら、それはもう、最高の思いやりです。

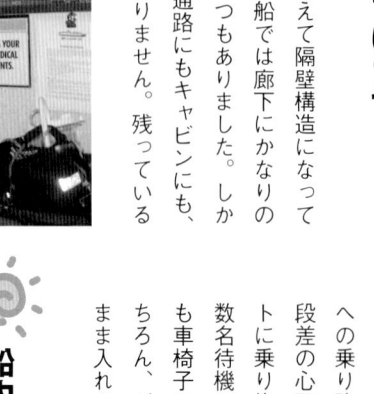

クルーズの適齢期

インドでは、人の一生を4期に分けて考えることがあるそうです。

学齢期	営巣期	林住期	聖域期
~25歳	25~50歳	50~75歳	75歳~

林住期というのは、今まさに営巣期の盛りにある子供たち一家の生活を支援するために、そこと自分の住む林間の住居との間を行ったり来たりする時期のことです。ところで、海の船旅をエンジョイするには

- ●たっぷりの時間
- ●ある程度のお金
- ●世界への好奇心
- ●体力または健康

が充足されていなければなりません。

これを4×4の表にしてみると、面白いことに気が付きます。

	学齢期	営巣期	林住期	聖域期
時間	○	×	▲	◎
お金	×	▲	○	◎
好奇心	◎	○	▲	×
体力	◎	○	▲	×

つまり人間の一生のなかで、◎が4つそろう時期なんてないのです。◎がそろわなくても、他でなんとか補って思い切って飛び出さないと、クルーズに行くチャンスはなかなか訪れないのです。

ゆたか倶楽部の松浦社長（当時）は、ぱしふぃっくびぃなす号の船内見学会のために名古屋港におみえになったとき、船内のステージ上で、「林住期の方はお知り合いの冠婚葬祭へのお出掛けと縁を切る決心をしないと、永遠にクルーズになぞ出掛けられませんよ」と凄い剣幕で強調しておられました。

私も同感で、これが万葉人以来、海や船旅に憧れを抱きながら、ついぞクルーズを体験しないまま一生を終える日本人が多い原因ではなかったか、と考えます。

では、どうすればよいでしょうか。

学齢期―これはもう、ピースボートで決まりです。親から結婚資金を前借りするか、ネコのようにお父さんにすり寄って借りるか、あるいはピースボートのボランティアスタッフでポイントを積み立てて旅費の足しにしましょう。なんと名古屋では、聖域期の方が何名もパンフレット発送のボランティアスタッフをやっておられます。

聖域期―車椅子の助けを借りてでも、思い切ってクルーズにお出掛けください。好奇心が失せては、もう何をか言わんや、ですが。またDVDになりますが、メニューA5の映像では、足の不自由なお母さんもジョギングトラックを杖の助けを借りながら、ゆっくり歩いておられましたでしょう。

船旅的上海 ―Introduction to Individual Foreign Traveler

個人で船旅をしたいけどちょっと自信がない、という方のための予備校的クルーズを、「まんぼうくらぶ」さんがお世話しています。それを中国語では〈船旅的上海〉。予備校ですから、クルーズ船の代わりに往復は国際フェリー（上海フェリー 蘇州号、1万4410トン）を使い、「まんぼうくらぶ」と長年親交のある現地の旅行社が上海で2、3泊するホテルの選定・手配などをしてくれます。これをステップに、あなたも海外個人旅行をされてはいかがでしょう。私は蘇州が好きで、このフェリーを使って度々訪問しています。お勧めです。

◇毎週金曜昼頃、大阪港国際フェリーターミナル発着（年中就航）
◇6泊7日（うち船内4泊）
◇フェリー2段ベッド使用時の料金（追加料金で個室もあり）
上海市内個人見学のみ　7万8000円～
蘇州日帰りバス旅行付き　9万5000円～
◇現地日本語ガイド、朝食、送迎バス付き

蘇州号の船内

蘇州の風景

寄港地観光
—SHORE EXCURSION

日本人の多くは世界遺産にこだわります。訳も分からずにブランドものを選ぶのと同じです。日本のパンフレットには、何か所の世界遺産に立ち寄るかが大きく書かれています。一方、外国人は、その寄港地に相応しい観光やアドベンチャーを自分の目で選び、それを楽しみます。

左にご紹介するのは、カーニバル社が7泊8日のメキシカンリビエラクルーズの第4日目、プエルト・バジャルタ寄港時（午前8時入港、午後9時出港）に設定したツアーです。海岸ならではのツアーが豊富に用意されています。（左から順に、大人一人の料金、所要時間、ツアー名称、難易度）

なお、繰り返し申しあげているとおり、危険を伴うプログラムに参加するには、それなりに英語が理解できる必要があります。とっさの場合の注意が理解できず、それが事故の原因になっている場合が多いことを、お忘れなく。DVDのB2くらいの英語は理解できることが望ましいのです。

■ ADVENTURE TOURS

$ 89.95	5時間	JEEP SAFARI & BEACH ADVENTURE **
$ 99.95	7時間	SIERRA MADRE 4X4 EXPEDITION **
$ 129.95	5時間	CANOPY ADVENTURE ***
$ 144.95	6時間	EXTREME CANOPY ***
$ 40.95	4時間	OFF ROAD BYCYCLE ADVENTURE **

■ BEACH TOURS

$ 99.95	6.5時間	LAS CALETAS BEACH HIDEAWAY *
$ 24.95	4.5時間	CITY TOUR, BEACH & SHOPPING *
$ 89.95	5時間	EXCLUSIVE RESORT GETAWAY *

■ SCUBA DIVING TOURS

$ 119.95	6.5時間	DISCOVER SCUBA **
$ 99.95	6.5時間	CERTIFIED TWO TANK DIVE **

■ DOLPHIN TOURS

$ 99.95	3時間	KID'S DOLPHIN ENCOUNTER *
$ 109.95	3時間	DOLPHIN ENCOUNTER *
$ 175.95	3.5時間	DOLPHIN SIGNATURE SWIM **
$ 149.95	3.5時間	DOLPHIN SWIM EXPERIENCE **
$ 275.95	6時間	DOLPHIN TRAINER FOR A DAY ***
$ 175.95	3時間	ROYAL DOLPHIN SWIM & SEA LIFE PARK **
$ 109.95	3時間	ROYAL DOLPHIN ENCOUNTER & SEA LIFE PARK **

■ WATER-BASED ADVENTURE TOURS

$ 99.95	5.5時間	SAILING BANDERAS BAY *
$ 49.95	3時間	SEA LIFE PARK VALLARTA *
$ 115.95	6時間	SEA SAFARI - HIDDEN BEACHES & SNORKEL ***

■ HIKING TOUR

$ 33.95	4時間	EXPERT HIKING TOUR ***

■ NATURE TOUR

$ 69.95	2時間	NATIONAL PARK CROCODILE SAFARI & ECO TOUR *

■ CULTURAL TOURS

$ 39.95	4時間	COUNTRYSIDE ADVENTURE *
$ 39.95	4時間	MISMALOYA CITY TOUR *
$ 39.95	5時間	TEQUILA FACTORIES & OLD TOWN TOUR *
$ 99.95	7時間	COLONIAL SAN SEBASTIAN **

■ SIGHTSEEING TOUR

$ 39.95	3時間	CITY & TROPICAL JUNGLE ESCAPE **

■ HORSEBACK TOUR

$ 59.95	4時間	COUNTRYSIDE ON HORSEBACK **

■ SEA LION TOURS

$ 99.95	3時間	SEA LION ENCOUNTER **
$ 149.95	6.5時間	SEA LION SNORKEL AT LAS CALETAS **

■ SNORKELING TOURS

$ 85.95	8時間	YELAPA BEACH & MAJAUITAS SNORKEL ADVENTURE **
$ 85.95	7時間	WILD DOLPHINS & SNORKELING **

■ SUNSET/EVENING TOURS

$ 59.95	2.5時間	DELUXE SUNSET SAIL *
$ 99.95	5時間	RHYTHMS OF THE NIGHT *
$ 87.95	4.5時間	SUNSET HORSEBACK **

■ GOLF TOUR

$ 145.00	5時間	EL TIGRE GOLF & COUNTRY CLUB **

※観光内容と料金については予告なく変更になる場合があります。

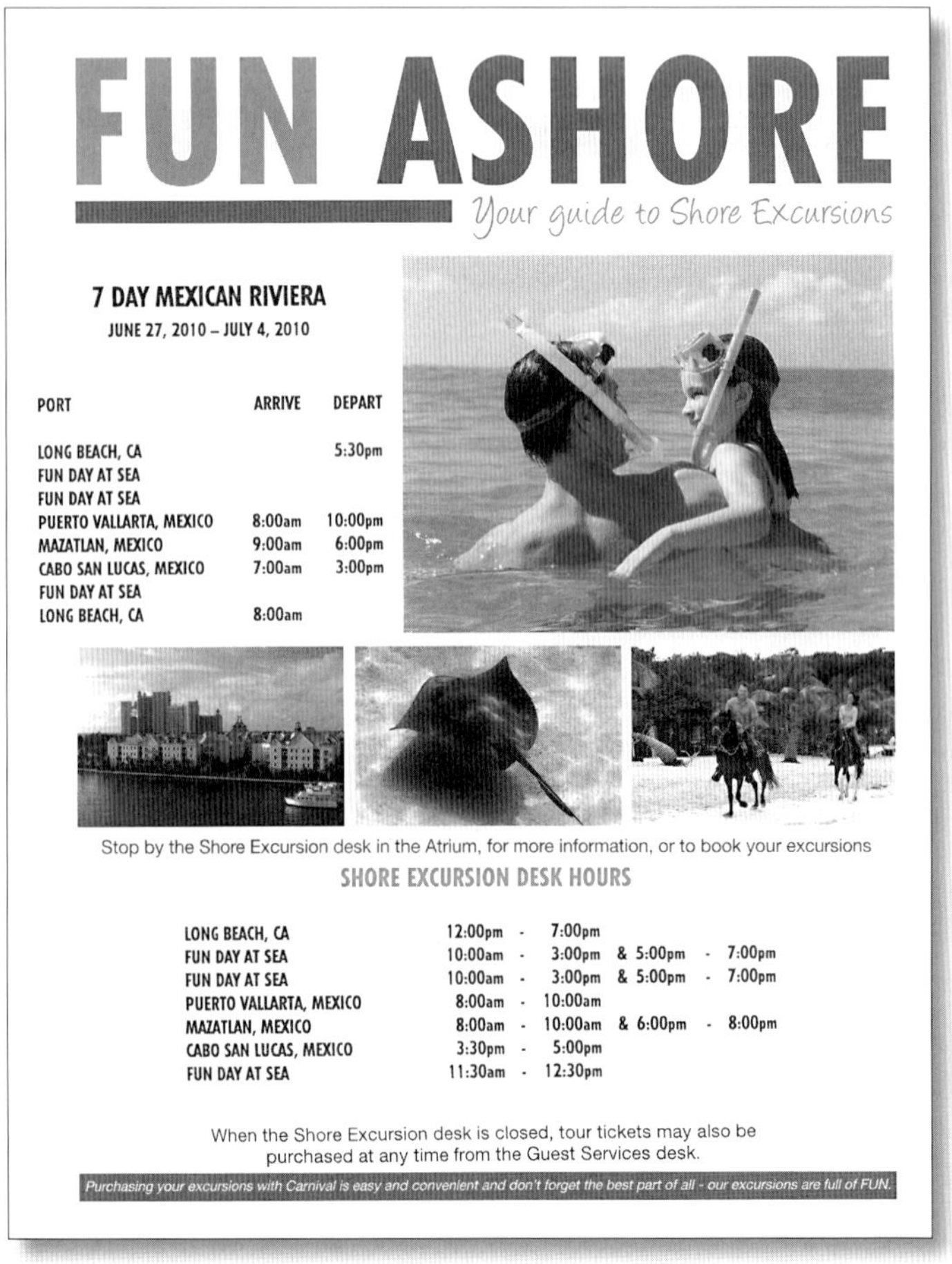
FUN ASHORE

Your guide to Shore Excursions

7 DAY MEXICAN RIVIERA

JUNE 27, 2010 – JULY 4, 2010

PORT	ARRIVE	DEPART
LONG BEACH, CA		5:30pm
FUN DAY AT SEA		
FUN DAY AT SEA		
PUERTO VALLARTA, MEXICO	8:00am	10:00pm
MAZATLAN, MEXICO	9:00am	6:00pm
CABO SAN LUCAS, MEXICO	7:00am	3:00pm
FUN DAY AT SEA		
LONG BEACH, CA	8:00am	

Stop by the Shore Excursion desk in the Atrium, for more information, or to book your excursions

SHORE EXCURSION DESK HOURS

LONG BEACH, CA	12:00pm - 7:00pm	
FUN DAY AT SEA	10:00am - 3:00pm	& 5:00pm - 7:00pm
FUN DAY AT SEA	10:00am - 3:00pm	& 5:00pm - 7:00pm
PUERTO VALLARTA, MEXICO	8:00am - 10:00am	
MAZATLAN, MEXICO	8:00am - 10:00am	& 6:00pm - 8:00pm
CABO SAN LUCAS, MEXICO	3:30pm - 5:00pm	
FUN DAY AT SEA	11:30am - 12:30pm	

When the Shore Excursion desk is closed, tour tickets may also be purchased at any time from the Guest Services desk.

Purchasing your excursions with Carnival is easy and convenient and don't forget the best part of all - our excursions are full of FUN.

◎2人で行けば、常夏のパラダイス

私　1人で乗ると200%。ちょっと高いんじゃない？

係　申し訳ございません。そもそもハワイはお2人様でお出掛けになる所でございますので…。

クルーズでは普通、1人で2人部屋を占有すると、料金は1・5倍や2倍など、割高になります。ご紹介するハワイ・クルーズも同様ですが、私はこの会社のシンボルマークが好きで、ここの船には3回も乗っています。

◎ハワイ旅行でも日本人はせっかち

HISの名古屋・伏見店で見かけた資料によると、ハワイ旅行の平均日数は4・2日とか。これではハワイのホテルでは2～3泊しかできないのですが、働き蜂の日本人はそれで満足しているようです。

そんなせっかちな日本人には、プライド・オブ・アメリカ号の航路のように一気に7泊8日のクルーズをする代わりに、8の字回りにして、3泊または4泊でホノルル港に戻れるといいのではと私は考えました。

クルーズ代理店の方に話してみたところ、以前はそんなコースもあったけれど、結局いまの7泊8日コースに落ち着いたとのこと。確かに、ハワイまで行く費用のことを考えると、その方がよいのかも。

いずれにせよ、海上から見るダイヤモンドヘッドの眺めも、昼間見るワイキキのホテル群も、その夜景も、それは見事です。

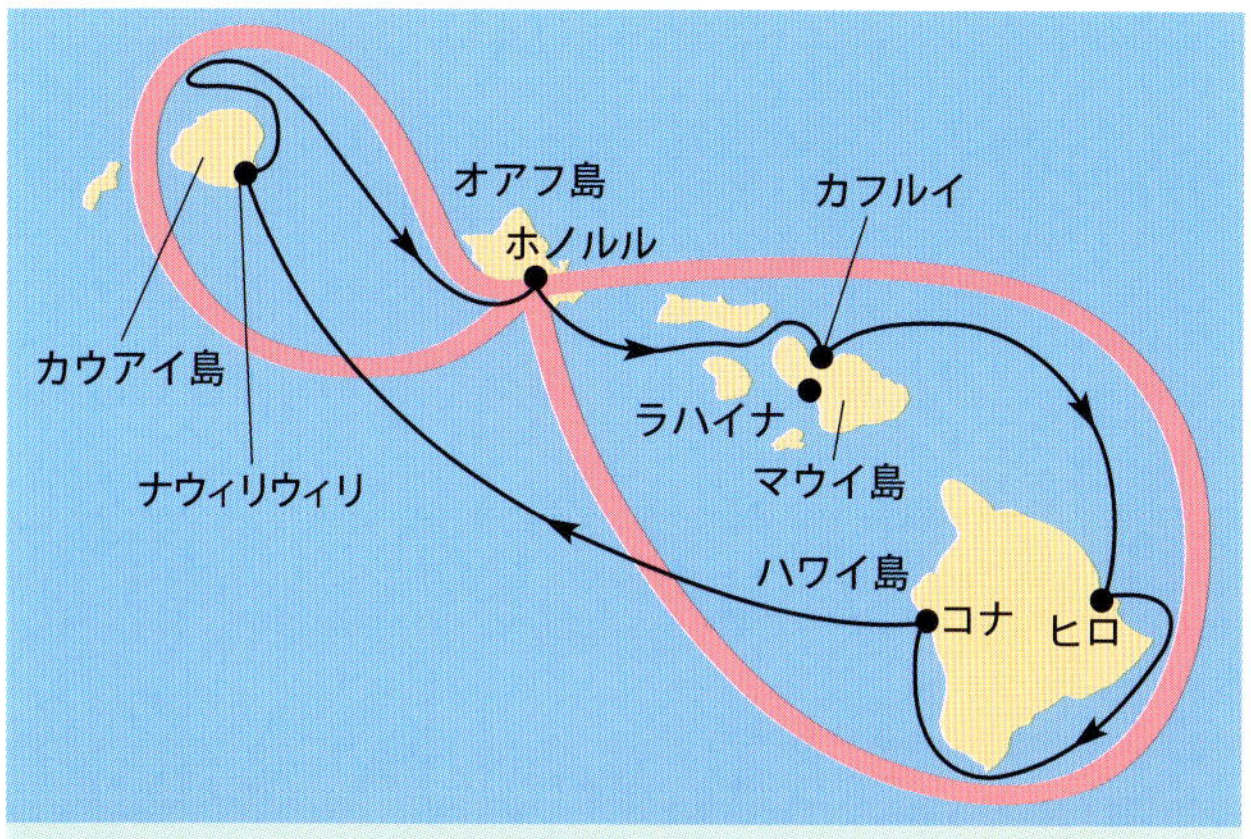

ハワイ・クルーズ7泊8日の旅

ノルウェージャンクルーズライン
プライド・オブ・アメリカ号（64頁）Aコース

日	寄港地など	着	発
1	ホノルル（オアフ島）		20:00
2	カフルイ（マウイ島）	8:00	（停泊）
3			18:00
4	ヒロ（ハワイ島）	8:00	18:00
5	コナ（ハワイ島）	7:00	18:00
6	ナウィリウィリ（カウアイ島）	8:00	（停泊）
7			14:00
8	ホノルル（オアフ島）	7:00	

運航予定　毎週・土曜日発（通年）

内側 $987～　バルコニー付き $1,424～

まんぼう情報には出ません。

クルーズ代理店　スタークルーズ日本オフィス
電話番号　03-6403-5188

◎その他の見所

◆船を一周するジョギングトラック

プライド・オブ・アメリカ号のジョギングトラックは、船尾から船首まで（280・4m）をぐるっと一周するように設けられています。要所要所には監視カメラが設置され、給水器まで備えられていて、それはもう万全です。でも、早朝そこを利用しているのは、ご年配の方のみ。若い人たちは、そんな時間に起き出してはきませんよね。

◆ゴルフ道具のプロショップ

米国本土からはもう姿を消してしまった、昔ながらのプロショップが、あのアラモアナ・ショッピングセンターの隅っこに一軒だけ残っています。全米プロゴルフ協会のライセンスを持った老プロが、ローハンデのお客を相手に今も開いている、アラモアナ・ゴルフ・ショップです（電話808-951-8866、ファックス808-922-3302）。奥様とお二人で営業しておられるので、店への出入口は狭くしてありますが、中は広々。もちろん試打コーナーもあり、あのなつかしい、マグレガーのウッドクラブなども、ここには健在です。「うちの客は、メールもケータイも使わない年齢なので」と、それがないのもさすがです。

昔、日本がアメリカと戦争をしたことを知らない若者が増えているとか…。

1941年12月7日（米国時間）、19隻の護衛艦に守られた航空母艦、赤城・加賀・蒼龍・飛龍・翔鶴・瑞鶴の各艦を飛び立った360機の日本軍攻撃機は、淵田美津雄（海軍中佐）隊長機を先頭に、航路の上空を真珠湾を目指しました。奇襲攻撃をするために。

夜が明ける頃、デッキに出て、手擦りを握りしめて前方の漆黒の海を凝視していると、かすかなエンジンの振動が身体に伝わってきます。その時、私はもう淵田隊長になりきっています。

〔注〕真珠湾攻撃の諸データは、淵田美津雄著『真珠湾攻撃』（河出書房、1967年）によりました。なお淵田さんは戦後は宣教師として長く米国にもお住まいになりました。その経緯は『真珠湾からゴルゴダへ』（大阪クリスチャンセンター刊、電話06-6762-7701、送料とも230円、2010年には在庫あり）をご覧ください。

◎カジュアル船もプレミアム船も

ロサンゼルスを中心とする北米・西海岸のクルーズは、ここ数年大発展している海域です。カーニバル社がここの中心的存在でしたが、2011年秋からプリンセス・クルーズが14泊のロス⇔ハワイ航路を連続運航することになりました。

ハワイもロサンゼルスも日本人には馴染みのある所で、クルーズの前泊・後泊時の野球（イチロー、26頁）、ゴルフ、それに競馬と、条件はみな揃っています。出発港にメトロレールで行けますし、そこのマヤ・ホテルもいい。肝心のクルーズはカーニバル社のカジュアルなクルーズもあるし、気品を意識する方にはプリンセス・クルーズもある。日数も多彩。それに安い。この海域は初めてクルーズを体験する日本の方にお勧めです。

3泊カタリナ島（金出発）泊単価89・7ドル
4泊メキシコ（月出発）泊単価57・3ドル
7泊メキシコ（日出発）泊単価57・0ドル
14泊ハワイ4島（不定）〔注1〕泊単価103・2ドル

泊単価だけで比較すると、プリンセス・クルーズの泊単価は割高のように見えますが、ここに就航しているゴールデン・プリンセス号は限りなくラグジュアリー船に近いプレミアム船〔注2〕と高く評価されています。ダグラス・ワードさんが★★★を与えているくらいです。その品格の備わったクルーズが泊単価100ドル程度で利用できるのは驚異的です。

〔注1〕プリンセス・クルーズは、サンペドロ港を使います。
〔注2〕ラグジュアリー船とは品格と品位を兼ね備えた船、プレミアム船はその片方だけある船だそうですが、この説明で分かりました？

ロス空港からマヤ・ホテルへ

ロス空港。上を向いて歩くとサインが。

到着ターミナル前から無料LAXシャトルバス(Gルート)が5分おきに出発。

メトロの最寄り駅アビエーションまで。次はインペリアル駅で乗り換え。

トランジットモール駅で降り、向かいロック＆ボトム・レストランで一服。

店のガラス窓越しに赤いバス(Cルーが見えたら(10分毎)店を出て乗車。

⑥バスの終点がクイーンメリー号とカーニバル社の乗り場。空港からここまで1時間弱。降りて周囲を確認。

⑦ドーム形のカーニバル社専用ビル。明日の乗船手続きはここで。

⑧前泊のマヤ・ホテルはスペインのヴィラ風。バスで1駅。歩いても10分。

⑨夕食は隣のリーフ・レストランで。こんな店は他に無い。店内の雰囲気も最高！

◎はみ出しハワイ―米国西海岸からハワイ4島への航路

これまで、米国西海岸からハワイまでの航路は、各クルーズ会社の便を合わせても、月に1本くらいしか運航されていませんでしたが、2011年9月から、プリンセス・クルーズがゴールデン・プリンセス号とサファイア・プリンセス号の2船を使って、継続的に連続航海を始めることになりました。出発港はサンペドロという、ロングビーチの隣（ロス市内寄り）にある港です。この航路の特徴は、2隻とも★★★（ダグラス・ワードさんの評価）のラグジュアリー船であるにもかかわらず、泊単価が103ドルという低価格であることです。

ハワイ4島巡り・ロスから往復14泊

ゴールデン／サファイア・プリンセス号(64頁)

日	寄港地など	着	発
1	ロサンゼルス		16:00
2〜5	―太平洋航海―		
6	ヒロ(ハワイ島)	8:00	17:00
7	ホノルル(オアフ島)	7:00	23:00
8	ナウィリウィリ(カウアイ島)	8:00	17:00
9	ラハイナ(マウイ島)	7:00	18:00
10〜13	―太平洋航海―		
14	エンセナーダ	14:00	20:00
15	ロサンゼルス	午前下船	

運航予定
(2011年)9/28〜10/12 10/8〜10/2
10/12〜10/26 10/26〜11/9 11/9〜11/23
11/23〜12/7 11/26〜12/10 12/7〜12/27
12/21〜1/4 (2012年)1/4〜1/18 1/18〜2/1
2/1〜2/15 2/4〜2/18 2/15〜2/29
2/29〜3/14 3/10〜3/24 3/14〜4/11
4/11〜4/25 4/14〜4/28 4/25〜5/9

内側 $1,445〜　バルコニー付 $2,345〜

まんぼう情報ではさらに安いのも
他にハワイとボラボラへの12日間も
内側 $2,195〜　バルコニー付 $2,845〜

クルーズ代理店　㈱クルーズバケーション
電話 03-3573-3601

◎ガラスの教会でウエディング

日本からのアクセスの良い米国・西海岸は、ウエディングの場所としても以前から注目されています。そこで、西海岸のガラスの教会で挙げられた日本人のウエディングの写真をお見せしましょう。この教会はチャペルしかありません。新郎新婦は、ダウンタウンのホテルなどで入念に支度を済ませ、大きな車で教会へ移動してきます。そして、質素な小部屋で、皺などを伸ばしてから教会に入ります。約30分で式は終わり、後は林の中で写真を撮ったりします。参列者一同はそれぞれの車で、ダウンタウンかその近くの巣に戻って、思い思いのパーティーを開くという按配です。

私は取材中、日本人カップルの結婚式でヘアメークを担当されていた本荘もとこさんに出会いました。本荘さんはロサンゼルスの広告業界で活躍されている美容師さんで、結婚式のヘアメークも手掛けておられます。やっぱり日本人女性の髪を知り尽くしているのは日本人の美容師さん。そして、何よりも日本語でお願いできるのが安心です。詳細は、www.motokomakeup.com からメールで問い合わせてみるとよいでしょう。

チャペルの付いた豪華客船では、洋上でのウエディングができますが、このお話は後ほど（42頁）。

ロサンゼルスより3泊・バハメキシコ

カーニバル・パラダイス号(60頁)

日	寄港地など	着	発
1	ロングビーチ		17:30
2	エンセナーダ	9:00	18:00
3	—洋上で—		
4	ロングビーチ	8:00	

毎週 金曜日 出発

内側 $269～　スイート $609～

ロサンゼルスより4泊・バハメキシコ

カーニバル・インスピレーション号(60頁)

日	寄港地など	着	発
1	ロングビーチ		17:30
2	カタリナ島	7:30	16:30
3	エンセナーダ	9:00	22:00
4	—洋上で—		
5	ロングビーチ	8:00	

毎週 月曜日 出発

内側 $229～　スイート $629～

ロサンゼルス7泊・メキシカンリビエラ

カーニバル・スプレンダー号(扉、17頁)

日	寄港地など	着	発
1	ロングビーチ		16:30
2	—洋上で—		
3	—洋上で—		
4	プエルトバジャルタ	9:00	21:00
5	マサトラン	9:00	18:00
6	カボサンルーカス	7:00	15:00
7	—洋上で—		
8	ロングビーチ	9:00	

毎週 日曜日 出発
※2011年8月28日出航分までマサトランには寄港せず、カボサンルーカスに2日寄港

内側 $399～　バルコニー付き $769～

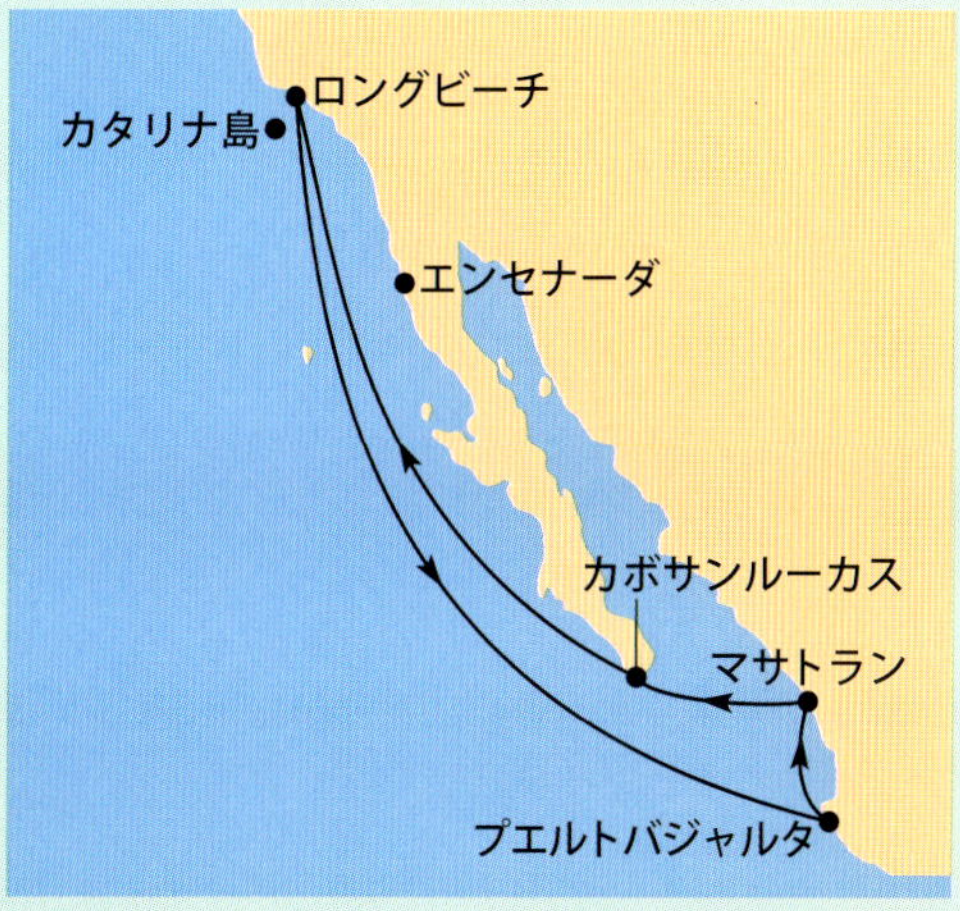

上記3つのツアーについては、まんぼう情報にご注意を
クルーズ代理店　アンフィトリオン・ジャパン㈱
電話 03-3832-8411
就航船に変更があることも

前泊・後泊のお楽しみ

大井に似たハリウッドパーク競馬場。ロス空港から車で5分。本場非開催日は場外発売、必見。

ゴルフ場も併設されている郊外のサンタアニタパーク競馬場。初の人口芝ターフ競馬を実験中。

ガラスの教会— Wayfarers chapel

（撮影：加藤俊明）

ロングビーチへ行く途中、海岸沿いの松林の中に、ガラスの教会はあります。松田聖子さんや吉田栄作さんが結婚式を挙げたことでも、よく知られています。

◆週末の挙式料は $2,500～。シーズンによっては平日割引も。教会側は日本人の挙式大歓迎。

◆申し込みは英語で。電話かメールで直接交渉します。（www.wayfarerschapel.org）

◆ハネムーンはもちろんクルージングに出掛けます。教会に近いロングビーチ港（カーニバル社）かサンペドロ港（プリンセス・クルーズ）から、挙式当日の夕方に出港できるので便利です。

結婚式の後は、参列者との記念写真で大忙し。（撮影：加藤俊明）

名入れ記念煉瓦ブロック。文字数によって@$200～。

ストレッチ・リムジンは1時間$50～（初乗り3時間が普通）。約8人は乗れるので安上がりかも。ミニバーのある車も。挙式中は待っていてくれる。
Image Courtesy:©2011 Hilltop Limousine Service
Tel:(310)541-0510　www.hilltoplimo.com

ビバリーヒルズ地区にあるチーム8のLAオフィス執務風景。

ロングビーチから日帰りで行けるカタリナ島。島内はゴルフカート利用。

世界の観光客の約80%は北半球を巡っている、とも言われています。これを裏返して言うと、まだ手つかずの穴場が南半球には一杯残っている、ということになります。ここでは、すでに開発が進んでいる南米大陸、オセアニア海域、それにフィーバーし始めている南太平洋の3海域を紹介します。

◎南米大陸

南米大陸をチリ、アルゼンチンの南までぐるっと一周するクルーズは、ときどきいくつかのクルーズ会社が運航していますが、それらは19頁をご覧いただくとして、ここでは、外海からブラジルのアマゾン河に乗り入れて、かなり奥地まで遡るクルーズを紹介します。なお、アマゾン河とセントローレンス河（5頁）では、この海のクルーズ以外に河船のクルーズもあり、相互に乗り入れています。

このホーランド・アメリカ・ラインのクルーズのように、出発港と帰着港とが異なる場合には、個人で2本の片路航空券を手配するとかなり割高になることがあります。その点、このクルーズに関しては、クルーズプラネットのパック旅行はかなり割安になっています。

◎オセアニア

オーストラリアは大陸といいながら、実は海洋国家を自認していて、海に対する国民の関心も深いようです。日本以上かもしれません。アメリカと争う外洋ヨットレースは現地では毎日トップニュース扱いですし、英国皇室のオーストラリア訪問には、よく軍艦や皇室ヨットが使われます。この海域には、外国のクルーズ会社が、思い出したように乗り入れています。その代表例をご紹介しましょう。

○北オーストラリア・クルーズ（16泊）

ブリスベンを出ると、グレートバリアリーフが現れ、ホエール／ドルフィン・ウオッチングを楽しみながら、のんびりあのバリ島にまで足を伸ばします。〔航路図A〕

○南オーストラリアとニュージーランド（18泊）

ニュージーランドだけではわざわざ出掛けにくいので、オーストラリア南部も回ります。〔航路図B〕

◎南太平洋

ハワイの遥か南の海域一帯を、南太平洋と呼びます。太平洋戦争のとき、その辺りで日本軍と米・オーストラリア連合軍は4年間の激しい死闘を演じ、多数の日本軍輸送船（民間貨物船）が沈みました。戦後、生き残った船員たちは、海に墓標を、と以後の不戦を誓い合いました（表紙カバー裏に写真）。

1970年頃、ある雑誌がサンゴ礁の写真を撮影するためにダイバーをその辺りに潜らせたところ、サンゴ礁より沈んでいる船の方が多く、雑誌は特集を沈没貨物船のイラスト集に変更して発行されました。それらの何枚かは、神戸船員会館（海岸通り、入場無料、平日開館）に戦没遭難船員名簿と共に展示されています。

さて、リチャード・ロジャースのミュージカルで世界中に知られているこの海域には、とっても可愛いメガヨットと、何社かの豪華客船が就航しています。

ロイヤル・カリビアン・インターナショナル
レディアンス・オブ・ザ・シーズ号（65頁）

北オーストラリア・クルーズ（16泊）

シドニー⇒ブリスベン⇒アーリービーチ⇒ポート・ダグラス⇒ダーウィン⇒ブルーム⇒バリ島⇒ジェラルトン⇒フリーマントル

運航予定　2011年10月15日　2012年2月19日

内側 $2,499～　バルコニー付き $3,499～

南オーストラリアとニュージーランド（18泊）

フリーマントル⇒アルバニー⇒エスペランス⇒アデレード⇒メルボルン⇒ホバート⇒ミルフォードサウンド⇒ダウトフルサウンド⇒ダスキーサウンド⇒ダニーデン⇒クライストチャーチ⇒ウェリントン⇒シドニー

運航予定　2011年10月31日　2012年3月6日

内側 $2,599～　バルコニー付き $3,599～

まんぼう情報には激安価格が出ています。

クルーズ代理店　㈱ミキ・ツーリスト
電話 03-5404-8813

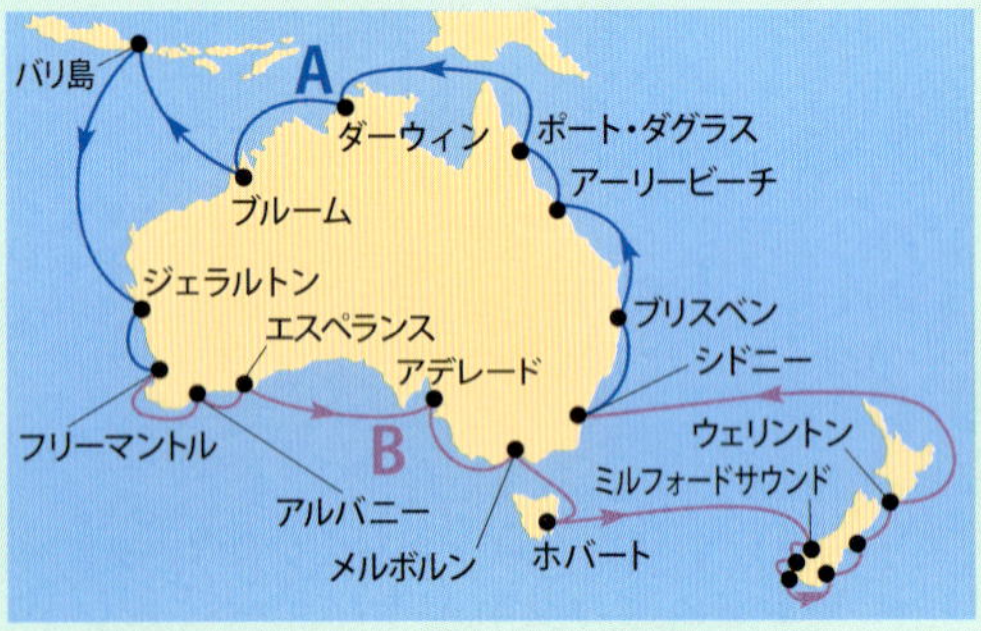

南米・アマゾン川グランドクルーズ30日間

ホーランド・アメリカ・ライン
ヴィーンダム号（63頁）

日	寄港地など	着	発
1	リオ・デ・ジャネイロ港		15:00
	—途中略—		
12	マカパ	7:00	15:00
13	サンタレン	10:00	20:00
14	バレニア	8:00	17:00
15	マナウス	10:00	
16			18:00
17	パリンティンス	9:00	17:00
18	アルタードチャオ	8:00	15:00
	—途中略—		
30	フォートローダデール港	7:00	

内側 $6,449～　バルコニー付き $12,049
クルーズ代理店　㈱オーバーシーズ・トラベル
電話 03-3567-2266

※パック旅行の例
内側 548,000円　バルコニー付き 868,000円
成田～出発・到着港の航空運賃含む
旅行代理店　クルーズプラネット
電話番号 03-5360-8420

4泊／6泊でボラボラ4島のラグーンを巡る

ノマデ・ヨッティング・ボラボラ
トゥ・モアナ号（3頁）

運航予定（2011年）
ボラボラ空港8～12時集合

6月27日～（6泊）	8月 8日～（6泊）
7月11日～（4泊）	8月29日～（4泊）
7月18日～（6泊）	9月 5日～（4泊）
7月25日～（4泊）	9月12日～（4泊）
8月 1日～（4泊）	9月26日～（4泊）

欠けているのはチャーターで使用のため

泊当たり単価　約£1,000～£3,500
特別キャビンはご相談を

クルーズ代理店　㈱オーシャンドリーム
電話 042-773-4037

ハワイ4島とタヒチ3島の島巡り11泊

プリンセス・クルーズ
オーシャン・プリンセス号（64頁）

日	寄港地など	着	発
1	ホノルル（オアフ島）	午後乗船	21:00
2	ナウィリウィリ（カウアイ島）	8:00	17:00
3	ラハイナ（マウイ島）	8:00	18:00
4	ヒロ（ハワイ島）	7:00	17:00
5～9	—船内でエンジョイ—		
10	ボラボラ島	7:00	16:00
11	モーレア島	8:00	17:00
12	パペーテ（タヒチ島）	4:00	午後下船

運航予定　2012年1月7日　2月18日
（逆回り）　2011年12月27日　2012年2月7日

内側 $2,195～　バルコニー付き $2,845～

まんぼう情報もご参照を

クルーズ代理店　㈱クルーズバケーション
電話 03-3573-3601

北欧は、世界の海の船旅のリピーターの間でも、人気急上昇中の海域です。19頁を見て分かるとおり、世界のクルーズ会社の約半数がこの北欧海域に乗り入れています。それに対して、この海域だけに特化している地方区クルーズ会社の代表的存在が、ここでご紹介するフッティルーテン社です。

◎フッティルーテンの沿岸急行船

フッティルーテン社は、自社の綺麗なブローシュアの表紙に〈ノルウェー沿岸を行く世界で最も美しい航路〉とうたっています。確かに北欧の船旅の見所は、デッキ上から眺める神々しいまでの大自然です。北極圏を越えて行き来する北欧の船ではドレスコードもなく、リラックスした雰囲気。さらに、日本のクルーズ代理店であるフッティルーテン・ジャパンのスタッフの対応ぶりも、北欧なみに洗練されていて気持ちがいいです。

沿岸急行船は片道6日で、ベルゲン〜キルケネス間を、途中の小都市に寄港しながら結んでいて、12日目にベルゲンに戻ってきます。とくに「海のアルプス」とも表現されるロフォーテン諸島は海岸まで険しい山々がせりだし、風光明媚な島で、世界で最も美しい場所のひとつといわれています。その寄港時の周辺の風景が美しい！　とくに東洋人の好感度波長に合うようです。船は豪華客船というよりも、精悍な感じがします。氷の海にも強い12隻の中・小型クルーズ船を持ち、各港から毎日出港するのも外国からの観光客には便利で、往復する方も多いようです。

◎もう一つの北欧旅行

北欧のスウェーデンを、別の方法で旅行された、日本人がおられました。ルードウィヒ・ベック『鉄の歴史』（たたら書房、全15巻）の第1回配本時に添付されていた「たたら通信No.1」に掲載されていた深堀佐市さん（1968年当時、東芝製鋼㈱常務取締役）のエッセイ〈ベックと私の老後〉から、以下、転載させていただきます。

「（私は河野）与一さんの手引きで、…北欧の言葉を勉強するようになった。例えば、トルストイを読むためにロシヤ語を、ビヨルンソンを読むためにノルウェー語、ラゲルレフを読むためにスエーデン語、アンデルセンを読むためにデンマーク語を、という風に、一応は目標を立てゝ、勉強したのであった。…人がマージャンにうつゝを抜かしている時にロシヤ語、人が酒を呑んで騒いでいる間にノルウェー語、自分が肺炎で一ケ月寝なければならなかった時にスエーデン語、そして今日では人がゴルフにこっている間にデンマーク語という工合に…（中略）

私は今面白い方法で、スエーデン旅行をしている。…ラゲルレフのメルヘン、「ニルス・ホルゲルソンの不思議なスエーデン旅行」を読むと、居ながらにして其の事が出来るのである。…正月の休み以来、毎日何頁かを字引きを引きながら読んでいるのであるが、五〇〇頁以上もある大きな本なので、四月の桜の頃まではかゝるのではあるまいか。まあ、いいさ、旅行は出来るだけゆっくりがよいとするのだから。」

ゆっくりといえば、左にご紹介したパック旅行の例は成田発着の旅客機を使用していますが、日本からベルゲンまで、フェリーと鉄道を何度か乗り継いで、13泊ほどかけて行くこともできます。

◎本来、人間には素晴らしい能力が備わっていたのです

マージャンやゴルフだけではありません。かつて、あの大宅壮一さんは、TVは（番組次第では）1億総白痴化させると嘆かれました。さらに英国のある科学者は、パソコンは人類をスロッピー（なまけもの）にする以外の何物でもない、と酷評されました。この分で行くと、さらにケータイの出現は人間をすっかり落ち着きのないフヌケに変えてしまい、深堀さんや田邉朔郎さん〔注〕のような、かつてのごく平均的な日本の教養人を別の動物に劣化させてしまいそうです。

でも、神は私たちを見捨てませんでした。好むと好まざるとにかかわらず、人類は鉄も電気もない7世紀半ば（日本では万葉の時代）頃の世界に向かってゆっくりUターンし始めているとする、世界各国の識者の集まり「ローマクラブ」OB、OGの見方に同調する人も増えてきました。

〔注〕明治の初期、当時いんしんを極めていた琵琶湖を運航している舟を、東山の下にトンネルの水路をくり抜いて京都市内にまで運航させる琵琶湖・京都疎水インクラインを卒業論文で発案し、東大卒業後その工事を完工した人。表紙カバー裏の記事でも簡単に触れましたが、河の船旅編で詳述しています。

世界で最も美しい航路を行く

フッティルーテン
12隻が日替わり登場

キルケネス⇒ベルゲン
　内側最安 698〜1,493ユーロ
　スイート 1,033〜5,617ユーロ
ベルゲン⇒キルケネス
　内側最安 888〜1,900ユーロ
　スイート 1,315〜7,149ユーロ
往復
　内側最安 1,269〜2,714ユーロ
　スイート 1,878〜10,213ユーロ

3食付き
片道価格が違うのは寄港地数が異なるため

クルーズ代理店
　フッティルーテン・ジャパン
　電話 03-3663-6802

〈パック旅行の例〉
沿岸急行船（片道）の船旅と
北欧3カ国・12泊
2011年7月18日　成田発着
海側客室 898,000円〜
主催 ㈱ニッコウトラベル
　電話 03-3276-0111

HURTIGRUTEN ノルウェー沿岸を行く世界で最も美しい航路

◎夢だった世界一周クルーズ　夢をグッと引き寄せてくれたのは　コスタ

クルーズの華は世界一周ですが、2011年は少し動きがありました。

その第1は長距離クルーズの出現。必ずしも同じ港に帰らなくても寄港地（ポート・オブ・コール）を増やして、より内容を濃くしたクルーズが加わりました。

第2は低価格化です。コスタ社は、これまでの常識を破る内側・最安キャビンの泊単価140ドルという低価格で、しかも2010年建造のコスタ・デリチョーザ号という超豪華客船で世界一周クルーズに参入し、早々と全キャビンを完売しました。世界一周クルーズでも価格が安ければ満室にできることが実証され、今後、この低価格化の波が他社にも及ぶことは必至です。

カーニバル社はすでに最安泊単価57ドルの一週間のメキシカン・リビエラクルーズ（DVDに収録）をいつも満席にして運航していますが、この割で計算すると、5700ドル（45万6000円、1ドル=80円で計算）で世界一周できることになります。これは、カーニバル社ならいつ実現しても不思議ではない価格です。

なお、2011年3月31日、コスタ社は好評に応えて、2013年はじめにも同じ船で世界一周クルーズを運航する方針を発表しました。でも、正式にこの詳細が発表される頃にはイタリアのリピーター客で売り切れるのは確実。日本人がそのプラチナチケットを手に入れるには、イタリアで内々に発売される頃にコスタのクルーズに参加していて、その船上から予約するしか方法はないようです。

ところで日本人にとっては日本から出港し日本に戻って来られると便利です。ピースボートが外国船による日本発着の世界一周クルーズを年間ほぼ連続して運航していますが、これについては50頁に地球一周クルーズとして紹介しています。

船に関するデータ							クルーズに関するデータ							
クルーズ会社	クルーズ代理店	電話番号	船名	総トン数／乗客数	船写真掲載頁【No.】	巡航速度	運航日	所要日数（泊数）	寄港地数	出発港	帰着港	最安価格（泊単価）	バルコニー付き価格	スイート価格
コスタ・クルーズ	㈱オーバーシーズ・トラベル	03-3567-2266	コスタ・デリチョーザ	92,700トン／2,260人	61頁【071】	21.6ノット	2011.12.28〜2012.4.6	100泊	37	サボナ（伊）	サボナ（伊）	$13,999（$140）	$20,379	$33,489
プリンセス・クルーズ	㈱クルーズバケーション	03-3573-3601	パシフィック・プリンセス	30,277トン／688人	64頁【133】	17.0ノット	2012.1.13〜4.30	108泊	38	フォート・ローダデール（米）	ベニス（伊）	$21,995（$204）	$28,995	$38,995
シルバーシー・クルーズ	インターナショナルクルーズマーケティング㈱	03-5405-9213	シルバー・ウィスパー	28,258トン／388人	66頁【168】	21.0ノット	2012.1.7〜5.1	114泊	45	フォート・ローダデール（米）	モンテカルロ（モナコ）	$58,285（$511）	$78,884	$82,864
シーボーン・クルーズ・ライン	㈱パシフィックリゾート	03-3544-5505	シーボーン・クエスト	32,000トン／450人	66頁【163】	19.0ノット	2012.1.5〜4.23	108泊	39	フォート・ローダデール（米）	ベニス（伊）	$53,850（$499）	$59,750	$236,850
キュナード・ライン	㈱クルーズバケーション	03-3573-3601	クイーン・メリー2	148,528トン／2,620人	62頁【083】	28.5ノット	2012.1.10〜4.27	108泊	33	サウサンプトン（英）	サウサンプトン（英）	$20,995（$194）	$27,995	$225,995
			クイーン・エリザベス	92,000トン／2,092人	18頁【021】	21.7ノット	2012.1.10〜4.27	107泊	41	サウサンプトン（英）	サウサンプトン（英）	$20,995（$196）	$27,995	$199,995
ホーランド・アメリカ・ライン	㈱オーバーシーズ・トラベル	03-3567-2266	アムステルダム	62,735トン／1,380人	62頁【088】	21.0ノット	2012.1.6〜4.26	111泊	41	フォート・ローダデール（米）	フォート・ローダデール（米）	$18,999（$171）	$35,399	$66,999

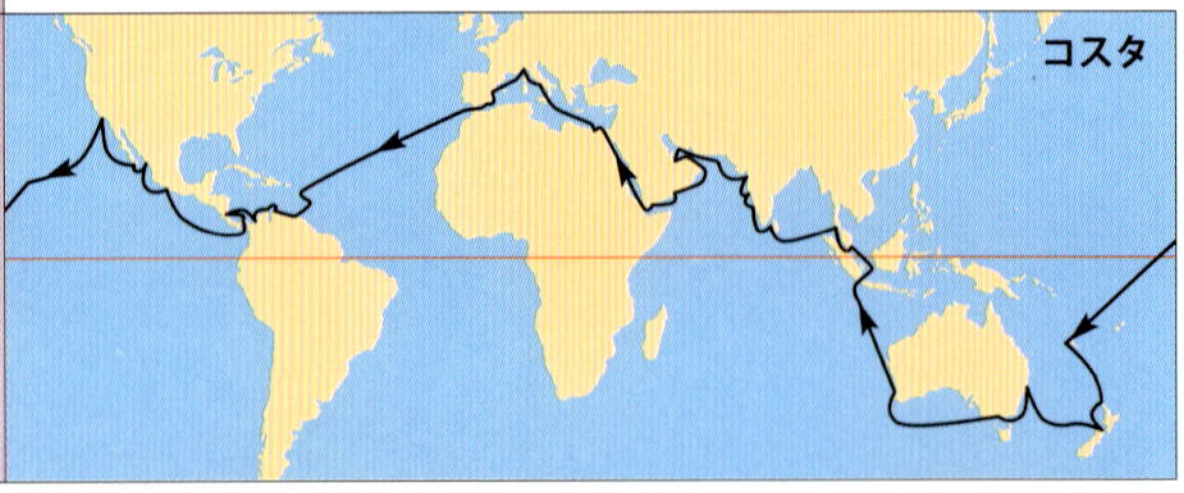

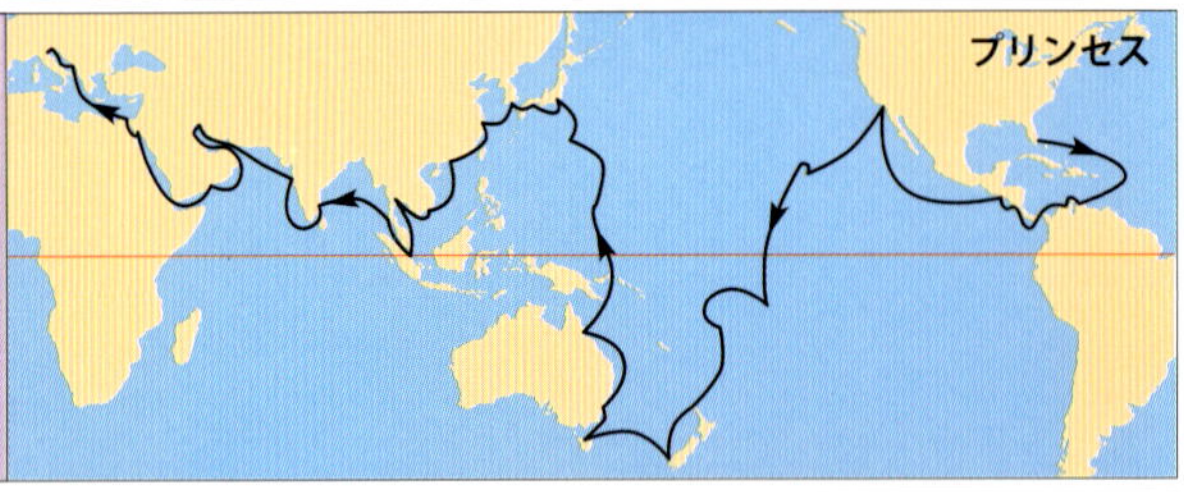

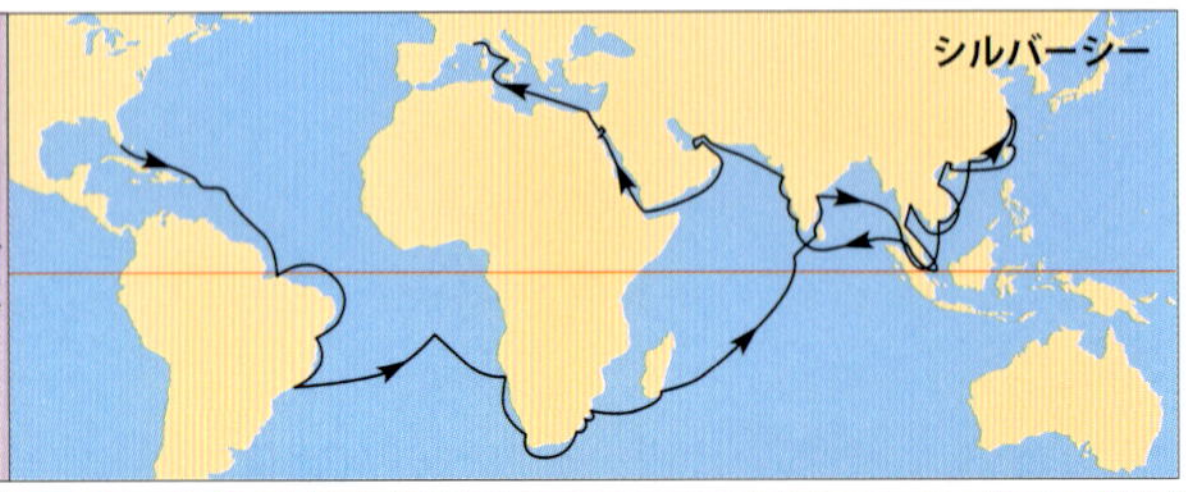

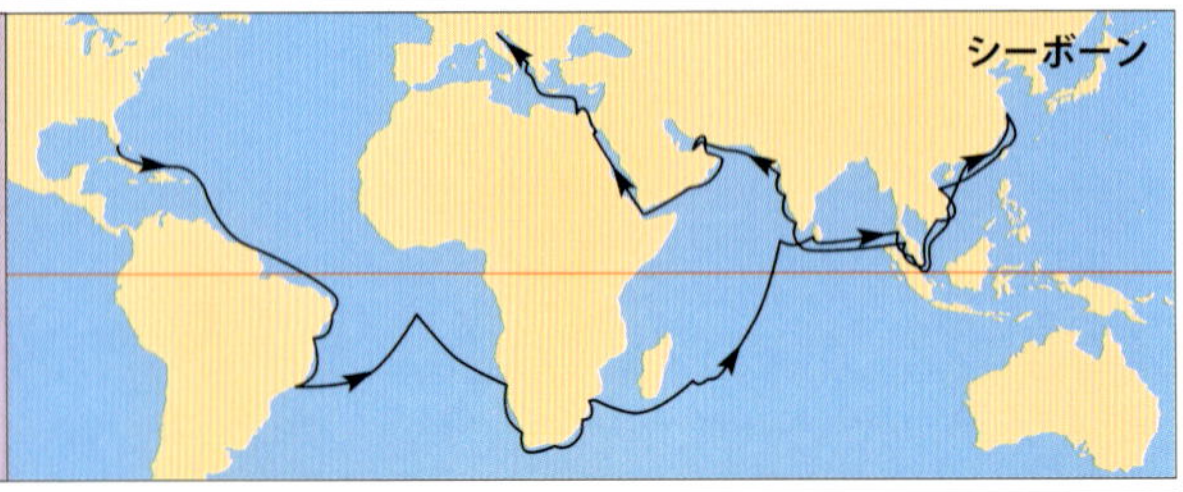

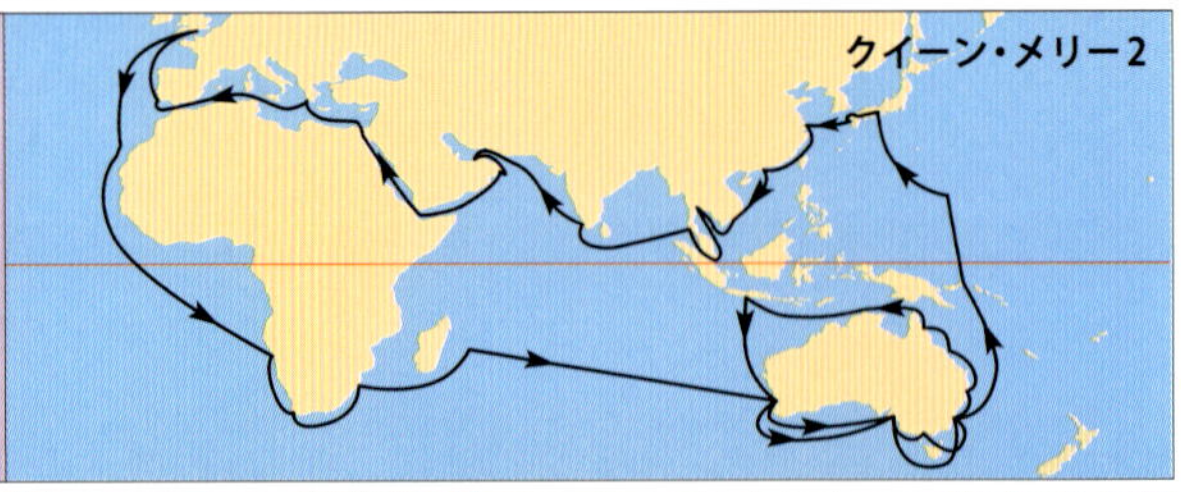

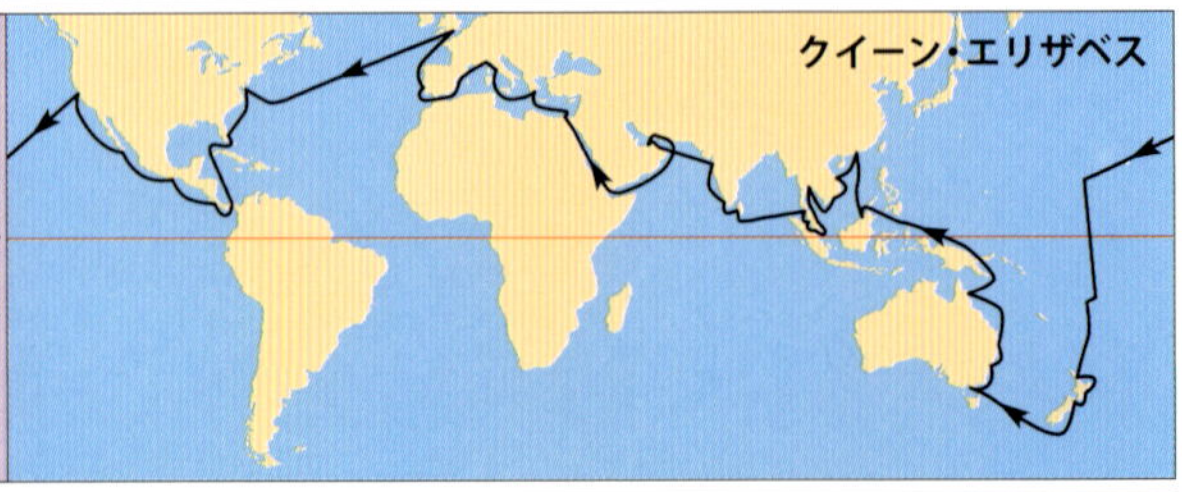

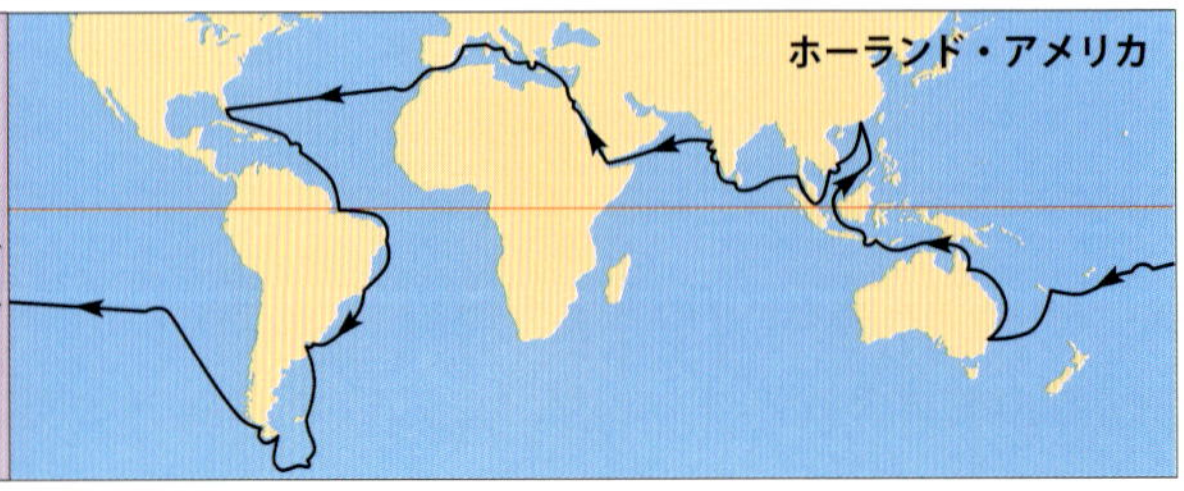

下に紹介した以外にも、こんな長距離クルーズがあります。

◆リージェント・セブンシーズ・クルーズ
　オークランド⇒コペンハーゲン 139泊（2012年2月7日〜）

◆ホーランド・アメリカ・ライン
　グランド・アジア・オーストラリア・ボヤージュ 69泊（2011年9月26日〜）
　グランド地中海および黒海ボヤージュ 61泊（2012年3月12日〜）

◆クリスタル・クルーズ
　ロサンゼルス発着・太平洋一周 94泊（2012年1月18日〜）

（各クルーズ会社の代理店は、19頁をご参照ください）

究極の終の棲家は洋上に

The World　42,524tons　196×29.8m　390／250人　4

※2011年 毎月8日の居所

1月 South Georgia(U.K.)　2月 Vaiparaiso(Chile)　3月 Oranjestad(Netherland Antilles)　4月 San Juan(Puerto Rico)

5月 Horta(Portugal)　6月 London(England)　7月 Copenhagen(Denmark)　8月 Hambrug(Germany)

9月 Motril(Spain)　10月 Venice(Italy)　11月 Kusadasi(Turkey)　12月 Antsiranana(Madagascar)

ヨーロッパの各国は、18頁の世界地図にも示したように、まるで手のひらの静脈のように、海と川と運河で結ばれています〔注〕。それらの水路で自分の船を家にして暮らしている人が大勢います。この成熟した諸国の洗練された人たちは、英国やオランダでナローボート①を手に入れて、船の中に自分好みのリビングルームやキッチン、トイレ、寝室などを造り込む②のです。ヨーロッパにはそんな船の改造法を解説したり、船の売買を仲介する雑誌まであります。たとえば英国の雑誌「カナル・ボート」2009年10月号巻末に掲載されたミッドランド・ナローボート・セールス社の広告に出ている15隻のナローボートの売買価格は1万8千（1980年製）～6万8千ポンド（2002年製、居抜き）、平均は4万3百ポンドです。ドイツなどでは、もう少し大型のバージ（はしけ）③に住んで、まるで水鳥のように、ドイツからポーランド、そしてオーストリアへと、自分で操船して水路を年中漂泊しているリッチな老夫婦などをよく見かけますが、こちらは日本円で1～2千万円します。そんな一戸建の船よりマンション暮らしを、と各キャビンを分譲するタイプの豪華客船もあります。すでに完売、日本でも4キャビンが購入され、この原稿を書いている現在はウイレムスタッドとやらを優雅に航海しているザ・ワールド号④がそれです。2009年には別の野心家が、ユートピア号構想をロサンゼルスで発表したので、我がチームのロス駐在員がショールームを訪問取材してきました⑤。これはキャビンが何室か売れて資金が調達できたら、サムスン重工の造船所で建造が始まり、2014年に就航予定ということになっています（2011年3月5日現在のユートピア・レジデンス社の発表）。

〔注〕笹岡耕平さんは、ヨットをモーターボートのようにあやつり、狭い水路を通ってヨーロッパ大陸を縦断、横断、その旅日記『続・ヨット「招福」のヨーロッパ紀行』を著しました。この本には、川や運河の名前がきっちり書いてあります。

2009年売出し当時のザ・ワールド号のキャビン価格と諸経費

キャビンタイプ	寝室数	広さ	販売価格	年間諸経費 メンテ料	雑費
スタジオ・アパートメントSA6	2	53.8㎡	1,450,000	124,599	1,726
レジデンスB	2	129.2㎡	3,975,000	298,823	3,450

完売

＊レンタルゲストの飲食代は別途

代理店　インターナショナル・クルーズ・マーケティング㈱　電話 03-5405-9213

〈ある日の、我が家のひととき〉

八郎　案外、安いね。老後はスタジオ・アパートで充分だね。

ジョアナ　わたしはレジデンスBがいいな。こっちなら、お家の中でかくれんぼしして遊べそうだもん。

♪（ここで着メロの音…）

女性の声　ICMの中川です。お送りいただいたゲラ、拝見しました。数字もあれで結構です。ただ、あの金額はドル表示だと、どこかに書いておいてください。単位を円と勘違いして、血相変えて飛び込んで来られる、お幸せな方が年に2、3人はおられますので…。

こうして、私たちの夢は、はかなく消えたのでありました。

ザ・ワールド号のキャビン・レイアウト

レジデンスB　　スタジオ・アパートメントSA6

ユートピア／ロデオドライブ・ショールームのJohn Ltham氏（撮影：山下奈津子）
www.utopiaresidences.com

結婚するって、本当ですか？

クルーズ船によっては、可愛いチャペルが付いています。ただし、どこのクルーズ代理店でも、聞くと「ある、ある」と言うのですが、実はいろんな目的に利用する小部屋を、そのときだけチャペルらしく見えるように、マリア様の像や生け花で飾り立てるものが多いようです。たとえばカーニバル社の場合、2011年現在の保有船23隻のうち、本格的なチャペルがあるのは、ミラクル号、プライド号、レジェンド号、スピリット号の4隻だけ。しかし、日本では「せっかくの結婚式だから本当のチャペルで挙げたい」という希望が多いので、この本では、シップデータに本格的なチャペルの有無をで示しておきました。

リニューアル・オブ・マリッジ・ボウ

大手のクルーズ会社は、左に紹介したカーニバル社のパンフレットにあるようなウエディング・パッケージを提供しています（2010年現在）。たった385ドル（ゲスト8名）と735ドル（ゲスト20名）で手頃な価格に見えますが、ゲストはこの他に一般のクルーズ料金を負担しています。ところで、これらの交渉は、カーニバル本社（マイアミ）のウエディング営業スタッフと乗客自身とが、英語のメールか電話で直接相談します。クルーズ会社によっては、「提携している海外のブライダル専門会社と交渉してくれ」と、話を振られることもあります。いずれにしても、シニアレベルの英語（DVDのB2）がクリアできていることが条件になります。

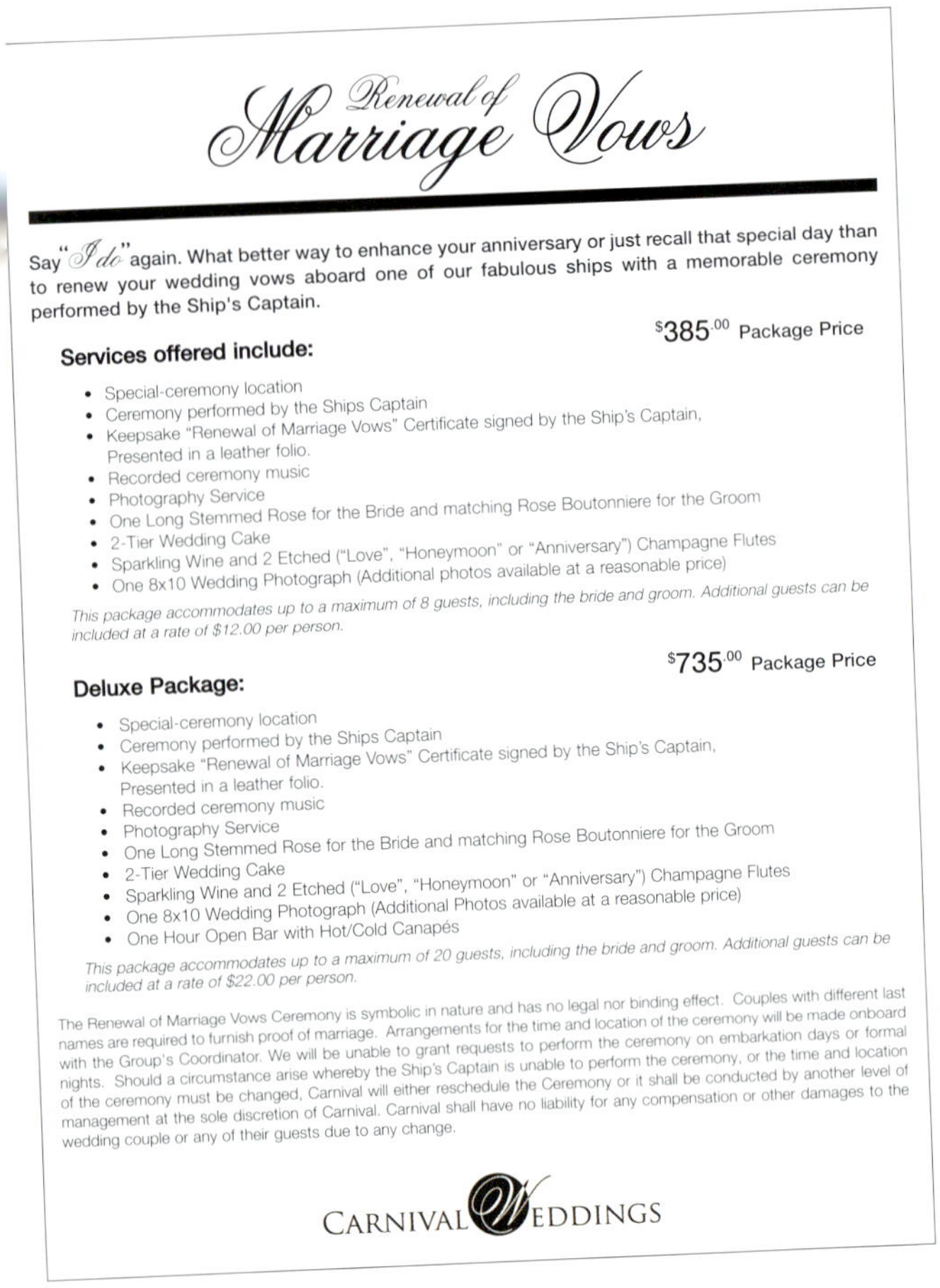

Renewal of Marriage Vows

Say "I do" again. What better way to enhance your anniversary or just recall that special day than to renew your wedding vows aboard one of our fabulous ships with a memorable ceremony performed by the Ship's Captain.

$385.00 Package Price

Services offered include:

- Special-ceremony location
- Ceremony performed by the Ships Captain
- Keepsake "Renewal of Marriage Vows" Certificate signed by the Ship's Captain, Presented in a leather folio.
- Recorded ceremony music
- Photography Service
- One Long Stemmed Rose for the Bride and matching Rose Boutonniere for the Groom
- 2-Tier Wedding Cake
- Sparkling Wine and 2 Etched ("Love", "Honeymoon" or "Anniversary") Champagne Flutes
- One 8x10 Wedding Photograph (Additional photos available at a reasonable price)

This package accommodates up to a maximum of 8 guests, including the bride and groom. Additional guests can be included at a rate of $12.00 per person.

$735.00 Package Price

Deluxe Package:

- Special-ceremony location
- Ceremony performed by the Ships Captain
- Keepsake "Renewal of Marriage Vows" Certificate signed by the Ship's Captain, Presented in a leather folio.
- Recorded ceremony music
- Photography Service
- One Long Stemmed Rose for the Bride and matching Rose Boutonniere for the Groom
- 2-Tier Wedding Cake
- Sparkling Wine and 2 Etched ("Love", "Honeymoon" or "Anniversary") Champagne Flutes
- One 8x10 Wedding Photograph (Additional Photos available at a reasonable price)
- One Hour Open Bar with Hot/Cold Canapés

This package accommodates up to a maximum of 20 guests, including the bride and groom. Additional guests can be included at a rate of $22.00 per person.

The Renewal of Marriage Vows Ceremony is symbolic in nature and has no legal nor binding effect. Couples with different last names are required to furnish proof of marriage. Arrangements for the time and location of the ceremony will be made onboard with the Group's Coordinator. We will be unable to grant requests to perform the ceremony on embarkation days or formal nights. Should a circumstance arise whereby the Ship's Captain is unable to perform the ceremony, or the time and location of the ceremony must be changed, Carnival will either reschedule the Ceremony or it shall be conducted by another level of management at the sole discretion of Carnival. Carnival shall have no liability for any compensation or other damages to the wedding couple or any of their guests due to any change.

CARNIVAL WEDDINGS

どのクルーズでも2、3組は利用

昨年、ある豪華客船（チャペル無し）がエンジントラブルを起こしましたが、そのTVニュースにも、ウエディングドレス姿の花嫁をご主人が横抱きにして上陸する映像がありました。

カーニバル社のクルーズでは、毎回2、3組の挙式を見かけます。洋上結婚式のほとんどは、子供たちが両親の○○周年リニューアル結婚記念式を祝ってくれるとか、私たちのように周回遅れで正式のリサイクル結婚式を挙げるか、のいずれかのようで、初めての式を船の上で挙げるというケースは無いようです。費用は別にしても、招待客を何日も拘束するのが難しいのでしょう。

カーニバル・プライド号のチャペル内部

挙式中のチャペル入口

洋上のミュージカル

クルーズの期間が長いほど シアターでのショーに対する乗客の期待は大きくなります。 でも、どれほどショーの内容が充実しているかは 乗船してみないと分かりません。困ったものです。

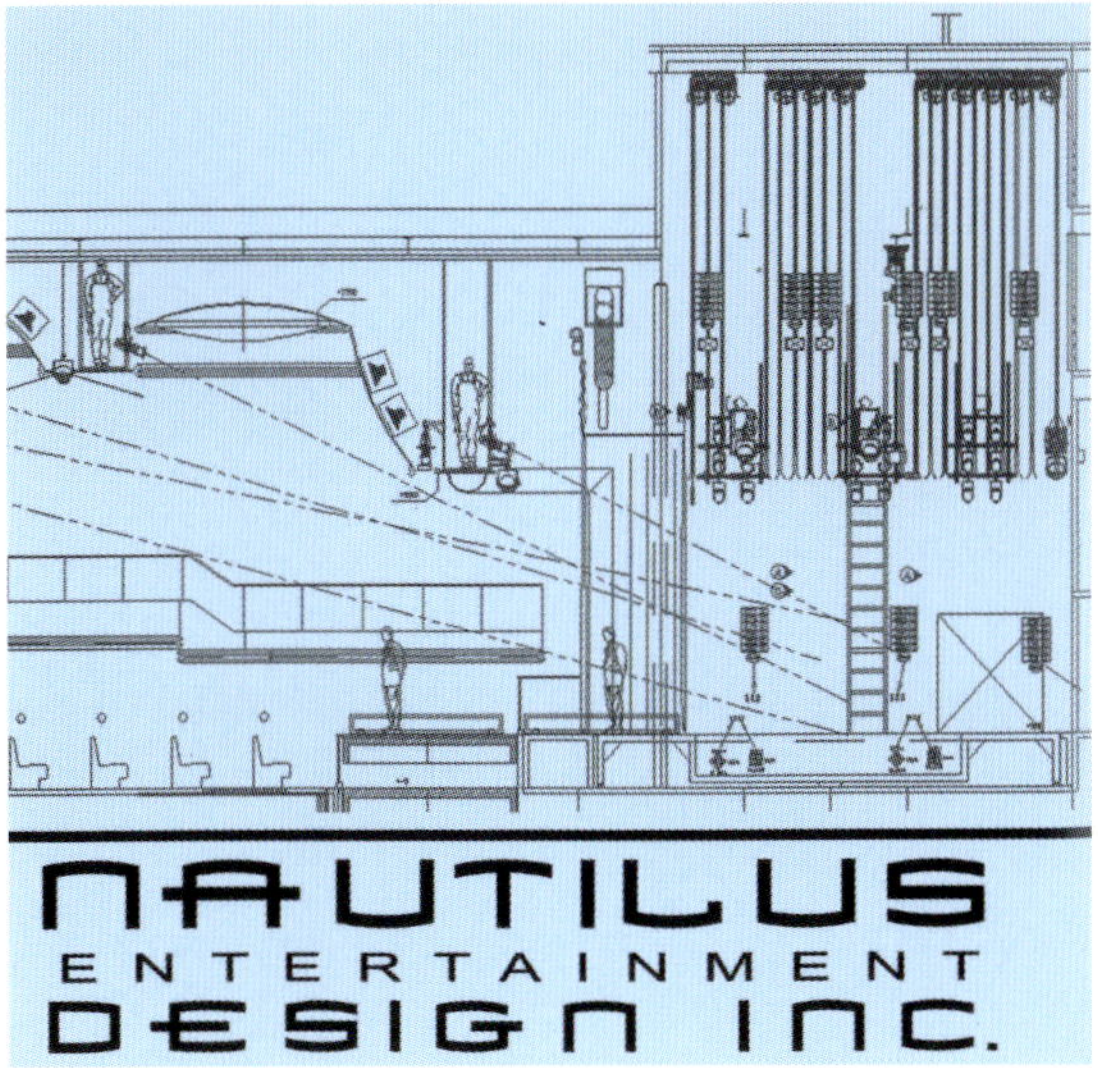

カーニバル社のシアターを設計するのは陸上の劇場設計で有名なノーチラス社です。

どのクルーズ船にも立派なシアターがあります。パンフレットにも、そのことが紹介されています。しかし、そこで何が演じられているのかは、どこにも書いてありません。シアターは、設備の豪華さだけではなくて、演じられる内容で勝負するものでなくてはなりません。その点でいえば、洋上のショーはそれこそピンキリです。真面目にショーの充実に取り組んでいるクルーズ会社はほんのわずかですが、その数少ない1社の例を紹介しましょう。

クルーズは1週間のものが多いのですが、乗客はその間に3種類の異なるショーを楽しむことができます。陸上の劇場のように、ショーAを昼も夜もA、A…と公演し続けるのなら舞台転換の必要もないので楽ですが、洋上の舞台ではA、B、Cとやって、1週間で乗客が入れ換わると、またA、B、Cと続けるのですから大変です。

ショーは、どの国からの乗客にも通じる音楽、つまりミュージカルものが中心になります。カーニバル社は、シアターの建設も、そこでのショーや、バーやロビーでの演奏も、専門の芸能プロダクションに運営の一切をアウトソーシングしているようです。それで、劇場設計を任された、サンディエゴにあるノーチラス・エンターテイメント設計事務所では、舞台を3つ用意して、1つの舞台を残して他の舞台は天井裏に釣り上げて隠す構造を考えました。一方、芸能プロダクションは、そのような舞台で演じることのできるショーを考え、演出し、役者のローテーションも調整して、カーニバル社が保有する23船それぞれに提供しています。音楽の演奏家に支払われるペイもそう悪くないそうで、このクルーズ会社はそんなところの出費も惜しまないようです。

DVDに収録したクルーズでの最後のショーは（残念ながら映像はありませんが）、9人のボーカリストが出演する、ビートルズからプレスリー、ひばりさんの「川の流れのように」まで採り入れた、万国対応のミュージカルでした。明日はサヨナラという訳で、いつのまにか芸能部員が観客席に紛れ込んでいて、フィナーレではいっせいにクラッカーを打ち上げる。いかにもアメリカン・スタイルの演出でした。ディナーに合わせて、その夜のショーも2回公演でしたから、そのあとの紙リボンの掃除は大変だと思いきや、観客席にいた子供たちが競争で紙リボンを集めてくれて、あっと言う間にきれいになりました。それを見ていた私は、とっさに思いついて、そのゴミになる運命のテープをビニール袋に入るだけ詰めて、キャビンに持って帰りました。そして、火薬の匂いの微かに残るそのテープを短く切ってカバンに詰めて、日本に持ち帰りました。もし、あなたが手にしている本に付いているDVDの裏からリボンの先が覗いていたら、それはミュージカルの余韻を、あなたに伝えるためのものです。そんなわけで、紙リボンはこの本の最初の900部にだけ付いています。いかがでしたか。火薬の匂い、カーニバル・スプレンダー号の香りは残っていたでしょうか。

どのクルーズ船のシアターも、全乗客の半数を収容できるほどの大きさがあります。だから大型客船のシアターは3階構造になることが多いのです。そこではみなさん、飲食しながらショーを楽しみます。（カーニバル・プライド号のタージ・マハル・シアター）

人類と船、日本人と船

丸木船　水上を泳いで渡るのは別として、なるべく体や荷物を濡らさずに対岸へ渡るために、古代人は丸木船①を使いました。

動物の皮で作った浮き　タイムライフ教育システムが発行した書籍によると、肉食系の西洋人は、四足の動物の皮②を浮き代わりに使ったとされています。

準構造船　これに対して、東洋人は準構造船を使ったのでは、という説が、２０１０年に開催された平城遷都１３００年祭の展示資料に示されていました。準構造船とは、丸太を何本か筏のように縛って、それに板状の材木を波よけに取り付けただけの船③のことを指します。私は、当時どんな工具が使えたのかを考えて、ものの構造を推理する癖がありますが、弥生時代から奈良時代へとつながる頃、日本の先住民族が使えたのは石斧だけですから、この準構造船説に賛成です。初期の遣隋使船は、こんな筏だったのではないでしょうか。

　このように諸説ある有史前の船について考察するに当たっては、海外遣使や海に関する記述が見られる万葉集が参考になるため、その分野の研究者である山内英正先生から助言をいただくとともに、「『万葉集』にみる海外遣使と海・潟」の項（46～47頁）をご執筆いただきました。

たらい船（3世紀ころ）　なお、日本人はそのころから竹製の「たが」に木片をはさんで樽や「たらい」を作っていましたから、あまり波立たない水域での近場への交通には、たらい舟④も使ったのでは、と考えます。

ガレー船（紀元前５００年ころ）　ヨーロッパでは、東洋よりうんと早く鉄の歴史が始まったので、「のみ」と鉄クギや、かすがい状の船クギを使って、大きくて頑丈なガレー船⑤（ギリシャの軍船）を造ることができました。この船は、追い風時に50名もの奴隷の漕ぎ手を総動員すると、船は10ノット（時速約16キロ）で走れただろうといわれています。

遣唐使船　『史記』にも記されている徐福集団をはじめとする中国からの渡来人や初期の遣隋使たちによって、鉄の文化が日本に伝わると、日本でも石斧に加えて鉄の「のみ」が使えるようになり、チキリやタタラを使って大型木造船を建造する技術も普及したと思われます。遣唐使船も、こうして初期の準構造船の筏型から、平底型とはいえ、より現代の船に近い構造船に発展したのでしょう。写真⑥は平城遷都１３００年祭を記念して復元されたものですが、より完成した時代の遣唐使船のようです。

バイキング船　遣唐使船のころ、北欧では豊富な森林資源と鉄を利用して船が造られ、その海域を支配しました。後にバイキング船⑦と呼ばれて恐れられたこの船は、12世紀ころまで活躍しました。

菱垣廻船　菅原道真が遣唐使船の廃止を提言してから、はるか後の黒船襲来まで、日本はずっと海外との交流を断ちました。日本人は磁石（じせき）を使うことも知らず、天文航法も知りませんでしたが、上方の食文化を支えた千石船の菱垣廻船⑧が登場しました。

メイフラワー号からタイタニック号へ

西洋ではコロンブスの大航海時代を経て、メイフラワー号⑨、そしてタイタニック号⑩の悲劇を乗り越え、現代クルーズへと発展していきます。

ひび割れを防ぐチキリ
（写真提供：赤羽正春）

巨大戦艦『大和』

一方、日本は鎖国政策からの転換後、一挙に海軍力の強化を進めました。大和⑪の登場が戦争の愚かさを今に伝える象徴となっています。この戦艦の側板のいちばん厚いところは魚雷攻撃に耐えるために45センチもありますが、それをつなぐのに、なんとチキリが採用されました。なお、大和については、広島県JR呉駅に近い大和ミュージアムに1／10のレプリカや関係資料が保存・展示されています。

豪華客船

20世紀に入ると2回にわたる世界大戦が起こり、西洋・東洋を問わず、先進国は軍艦も民間船も、そのほとんどを失いました。大戦後は航空機が大陸間の交通を制圧し、船は大西洋航路から締め出されて、新たにカリブ海海域でクルージングの新天地を開拓しました。なかには、あまりにもファットでスエズ運河を通れない豪華客船も現れました。その後も豪華客船の建造ラッシュは続き、ついに2011年からは外国のクルーズ船が日本の港を発着する定期運航を始めました。アムステルダム号⑫は、イタリアの名門造船所フィンカンティエーリ（8つの造船ドック、2か所の設計センターを持つ）で2000年に建造された、豪華客船としては初期の船ですが、いまだに★★★★を維持している銘船です。

環境にやさしいエコ船

太平洋戦争中、日本海軍は南方からの石油の輸入を連合軍に止められて、苦肉の策として満州産の大豆から軍艦用の植物燃料油を絞り、実戦にも使用しました〔注〕。そして半世紀以上も経った現代、福岡にあるNPO法人タウン・コンパスが地球温暖化を防ぐ目的で天麩羅を揚げたあとの菜種油（キャノーラ油）の廃油からBDFというディーゼルエンジン用の燃料油を精製。これによって航行する『花天神』（設計：松隈守城）は成功裡に航海テストを終え、2011年3月27日より㈱能古マリーン観光が本格的な運航を開始しました⑬。

〔注〕戦艦『大和』（6万8千トン）が沖縄特攻に出撃したとき、護衛の巡洋艦『矢作』（やはぎ）は、その植物燃料油を積んで随航しました。航行には何の支障もありませんでしたが、煙突から出る煙に天麩羅の匂いがして、戦闘員は望郷の念にかられ、士気は上がらず、沖縄のはるか手前で早々に撃沈された、と戦記に書かれています。

遣唐使船のチキリ そして大和でも

チキリ接合とは、金属クギを一切使わずに、木の板をつなぎ合わせて、頑丈な大きな板を作る技術です。木臼やお寺の柱のひび割れの進行を止めるためにも使われています。チキリは先の鋭い「のみ」さえあれば、簡単に作れるので、木工具としての「のみ」の普及と一緒に、世界中に広まったようです。遣隋／遣唐使船に主工法として採用された他、戦艦『大和』の建造でも鋼鉄製のチキリが使われました。当時、側板鋼材の溶接技術はまだ実用化されていなかったのです。その巨大チキリを原寸大で示しました。しかし、遣唐使船には有効でも、厚さ45センチの鉄板（鉄塊？）を接合するには、あまりにも稚拙な工法だったようです。不沈戦艦だったはずの大和は、沖縄特攻のために1945年4月6日に呉を出港した翌日、豊後水道を出た所で386機からなる米軍機の攻撃を受け、1発の爆弾が煙突を貫通して、内部爆発を誘発しました。これによって船体はチキリの接合部から前後に真っ二つに折れたようです。大和の船体は現在もそのままの姿で、多数の英霊〔注〕と共に深さ345メートルの海底に眠っています。

〔注〕乗員は艦長以下3332名、生存者276名。合掌。

原寸大のチキリ（説明は欄外に）

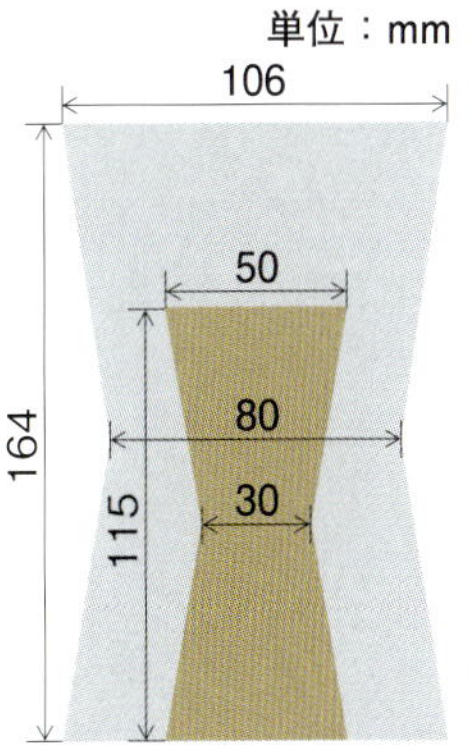

2つのチキリ。小さいほうは秋田県雄物川の川舟に使われている木製のチキリ（赤羽正春氏の著書より）で、厚さは2cm。大きいほうは『大和』で採用された鋼鉄製のチキリで、厚さは42cm。大和の設計図面は敗戦時に全部焼却処分されたが、ずっと後になって、大和のチキリが書かれている個人的な設計メモが、設計者の自宅納屋から見つかった（そのメモは、大和ミュージアムに保存・展示されている）。

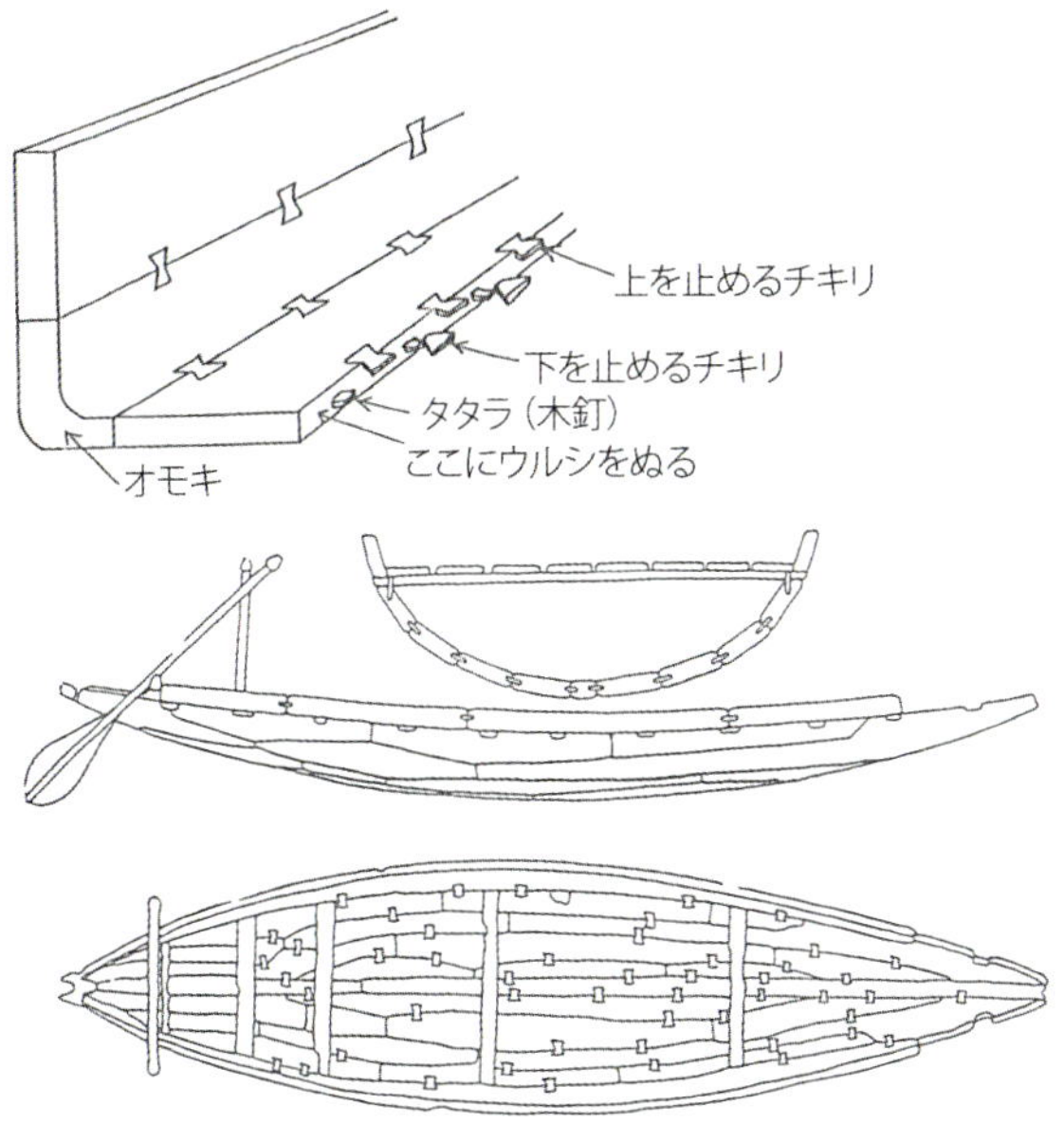

〔上〕チキリ・タタラによる船材接合
〔下〕紀元前1850年頃のエジプト船に使われたチキリ・タタラ接合
（出典：赤羽正春著『日本海漁業と漁船の系譜』慶友社、1998年）

指南：水盆に浮かべたスプーン状の磁石（じせき）の柄が南を指す。司南とも言う。中国では三国志の時代に、すでにこの磁石や天文航法が知られていた。（出典：池上正治著『徐福』原書房、2007年）その頃の日本の遣唐使船は、船体の造りは世界最高であったが、航法はもっぱら船に乗り込んだ占い師や住吉大社の神主の占いに頼っていた。

『万葉集』にみる海外遣使と海・潟

——山内　英正

『万葉集』は全20巻からなる、我が国最古の歌集である。伝説歌を除けば、舒《じょ》明《めい》天皇の頃（629年）から天平宝字3（759）年にいたるまでの、天皇・貴族・庶民の歌が約4500首も収録されている。後世の『古今和歌集』などとは異なり、各地の風土に根ざした歌が数多く詠まれている。

飛鳥《あすか》・藤原・平城《へいじょう》の地に住んでいた万葉人は、青垣山に囲まれていたため海に憧れた。戦前の信州では、海を見ることなく生涯を終えた人もいたという。私の大先輩の一人は大学生になって「大阪大学万葉旅行」に参加し、生まれて初めて大海を見て、卒倒せんばかりに感激したという。

古代の旅には個人的物見遊山はありえず、官吏は天皇行幸の従駕ないしは地方国衙への離着任、「四度使《よどのつかい》」など公務の旅であった。庶民は運脚・仕丁、防人・衛仕などに徴発、徴兵され、旅することを余儀なくされた。その折、海を見て望郷の念に駆られた者もいたであろう。

『万葉集』には命を懸けて大海を渡った、遣唐使《けんとうし》・遣新羅使《けんしらぎし》・遣渤海使《けんぼっかいし》に関連する歌が記されている。

遣唐使にかかわる歌は、大宝2（702）年に出航した第8回が巻1に2首、天平5（733）年に出航した第10回が巻5・巻8・巻9・巻19に合計11首、天平勝宝4（752）年に出航した第12回が巻19に9首登場する。集中唯一、外国（唐）で詠まれた歌をまず紹介しよう。

山上臣憶良《やまのうへのおみおくら》、大唐《もろこし》に在る時に、
本郷《もとつくに》を憶《おも》ひて作る歌
いざ子ども　早く日本《やまと》へ　大伴《おほとも》の
三津《みつ》の浜松　待ち恋《こ》ひぬらむ
（巻1・63）

《さあ皆の者、早く日本に帰ろう。大伴の三津の浜松も、さぞかし我々を待ち焦がれていよう。》

遣唐使は難波の住吉の社で、航海の安全を祈願した。多治比真人土作《たじひのまひとはにし》は、次のような歌を詠んでいる。

住吉《すみのえ》に　斎《いつ》く祝《はふり》が　神言《かむごと》と
行《ゆ》くとも来《く》とも　船は速けむ
（巻19・4243）

《住吉で祭祀を行なう神官のお告げでは、行きも帰りも船は速いでしょう。》

さらに「住吉の　我《あ》が大御神《おほみかみ》　船舳《ふなのへ》に
領《うしは》きいまし　船艫《ふなども》に　み立たしまして」
（巻19・4245）と詠われているので、「四つの船」（奈良時代になると4隻編成）には住吉神が祀られていたのであろう。船1隻には120～160人が乗りこんだ。

遣新羅使にかかわる歌は、巻15に145首（往路140首、帰路5首）登場する。天平8（736）年に出航した第18回遣新羅使である。往路から船内で天然痘が流行し、壱岐では雪連宅満《ゆきのむらじやかまろ》が病死した。その折、六人部鯖麻呂《むとべのさばまろ》は次のような挽歌を詠んでいる。

新羅辺《しらぎへ》か　家《いへ》にか帰る　壱岐《ゆき》の島
行《ゆ》かむたどきも　思ひかねつも
（巻15・3696）

《新羅へ行くか、家に帰るか。「壱岐」の島の「行く」ではないが、行くべきすべも、思い寄らないことだ。》

遣渤海使にかかわる歌は、集中ただ1首のみ。天平宝字2（758）年に出航した第3回遣渤海大使小野田守《おののたもり》の別れの宴を藤原仲麻呂《ふじわらなかまろ》邸で行なった時に、大伴《おおともの》家持《やかもち》が作った歌である。ただし、この歌は奏せずにおわった。

二月十日に、内相の宅《いへ》にして渤海大使小野田守朝臣《をののたもりあそみ》等に餞する宴の歌一首
青海原《あをうなはら》　風波なびき　行《ゆ》くさ来《く》さ
つつむことなく　船は速けむ
（巻20・4514）
右の一首、右中弁大伴宿禰家持《おほとものすくねやかもち》末だ誦《よ》まず

《青海原の風波も静まり、行き帰り支障なく船は速いでしょう。》

さて、我が国の海や潟の地名は、『万葉集』にどのように記載されているのだろうか。

「万葉人の酒と花と心」（白鹿・酒ミュージアム）での講演・演奏風景

岡本三千代（万葉うたがたり会主宰）
万葉衣裳で万葉うたがたりを演じる（続編のDVDに収録する「英国水路で田園を巡る船旅」のBGMとしてお聞かせします）。
犬養孝博士は大阪大学退官後は甲南女子大学教授に転じられたが、岡本さんは、ここで博士に学んだ。

山内英正（甲陽学院高等学校教諭）
大阪大学教授時代の犬養孝博士の邸宅で書生生活を過ごし、大阪大学万葉旅行の委員を務めた。
著書『万葉の歌　大和東部』保育社
『万葉こころの風景』和泉書院
共著『犬養孝揮毫の万葉歌碑探訪』和泉書院　ほか

犬養孝揮毫万葉歌碑（大津市柳が崎湖畔公園）

近江《あふみ》の海
夕波千鳥《ゆふなみちどり》
汝《な》が鳴けば
心もしのに
古《いにしへ》　思ほゆ

柿本人麻呂
（巻3・266）

大和《やまと》に最も近い海は大阪湾である。孝徳天皇や聖武天皇の難波宮は上町台地に位置していたため、宮のすぐ西下には難波潟が広がり、難波津《なにわづ》、さらに台地の南には住吉《すみのえ》の津・得名津《えなつ》などの港があった。『万葉集』には「難波《なには》の海」（2）、「難波潟《なにはかた》」（8）が登場する【（ ）内の数字は所出地名数、以下同様】。また、住吉区粉《こ》浜《はま》付近の海は親しみをこめて「名児《なご》（汝児）の海」（2）、「阿胡《あご》（吾児）の海」（1）と呼ばれた。大阪湾南部の和泉《いずみ》灘は「血沼《ちぬ》（茅渟）の海」（3）である。

万葉時代の天皇は、大和から紀ノ川沿いの南海道を通って黒潮踊る紀の国へ入った。斉《さい》明《めい》・持統《じとう》・文武《もんむ》天皇は紀温泉《きのゆ》（湯崎温泉の崎の湯）、聖武天皇は玉津島（和歌の浦）へ行幸した。「紀の海」（1）、海南市黒江の「黒牛の海」（1）、「黒牛潟」（2）が詠まれている。名手酒造の酒蔵の下には、『紀伊国名所図会』に描かれた黒牛に似た大岩が眠っているという。

「神風《かむかぜ》の伊勢」は、文字通りに強風が伊勢湾南部から志摩にかけての「伊勢の海」（5）を吹きぬける。太平洋を眺めると、「大《おほ》き海に　島もあらなくに　海《うな》原《はら》の　たゆたふ波に　立てる白雲」（巻7・1089）を実感する。美濃や三河への行幸も伊勢を経由した。東国の歌には「駿河の海」（1）、「伊豆の海」（1）、さらに尾張国（愛知県）の「年魚市潟《あゆちがた》」（2）、上総国《かみつふさのくに》（千葉県）の市原市付近の「海上潟《うなかみがた》」（1）、常陸国《ひたちのくに》（茨城県）北浦《きたうら》南方には浪が逆巻く「浪逆《なさか》の海」（1）が登場する。

瀬戸内海は山陽道と共に難波と筑紫を結ぶ大動脈であった。摂津国（兵庫県）武庫川の旧河口付近【西宮市津門《つと》の辺り】の海が「武庫の海」（2）であり、淡路島の南あわじ市松帆慶野《まつほけいの》付近の海が「飼《け》飯《ひ》の海」（2）である。さらに播磨国の明石市から加古川市一帯の海が、「稲南《いなみ》（印南）の海」（3）である。周防《すおう》灘は「佐婆《さば》の海中《わたなか》」（1）【かつて佐波郡あり】と呼ばれた。天平8（736）年の遣新羅使一行は、ここで逆風にあって漂流してしまった。

九州の福岡市東区香椎には「香椎潟《かしひがた》」（3）【「可之不江《かしふえ》」（1）と同じ】、中央区西公園には「荒津の海」（2）があった。肥前国（佐賀県）に入ると「松浦《まつら》の海」（1）が広がる。遣唐使や遣新羅使は「海中《わたなか》に幣《ぬさ》取り向けて」（巻1・62）、「対馬の渡《わたり》」【対馬海峡】（1）を渡っていった。

山陰の島根県には、石見《いわみ》国の「石見《いはみ》の海」（4）があり、さらに出雲《いずも》国中海《なかのうみ》は意宇《おう》郡に因んで「飫宇《おう》の海」（2）と呼ばれた。

北陸に目を向けると、「能登《のと》の海」（1）、「羽咋《はくひ》の海」【羽咋市邑知潟《おうちがた》説と外海説あり】（1）、「珠洲《すず》の海」【珠洲《すず》市付近】（1）、「奈呉《なご》の海」【射水《いみず》市付近】（4）などが詠われている。

これら以外にも場所が確定できない「海」がつく地名がある。また、『万葉集』には「海」と呼ばれた「湖」も登場する。琵琶湖の「近江の海」（15）や「香取の海」【滋賀県高島市付近】（1）。筑波山西方の湖沼であった「鳥《と》羽《ば》の淡海《あふみ》」（1）。若狭国（福井県）の三方五湖は「三方《みかた》の海」（1）。越中国（富山県）の「布勢《ふせ》の海・布勢水海《ふせのみづうみ》」（12）は、こんにち十二町潟としてわずかに痕跡を残している。無論、「浦」や「江」が付く地名も数多くある。

※本稿を成すにあたって、犬養孝『改訂新版 万葉の旅（上・中・下）』（平凡社ライブラリー）を参照した。新版は現代教養文庫（絶版）を改訂したものである。筆者も新版の企画監修・改訂委員を務めた。

Costaクラシカ号（3頁）2011年の運航予定

親子4人・4泊、上海クルーズ8万9600円！

⇓
〔シンガポール方面より〕

港	日付	料金（$）	料金（¥）
福岡	5/11		
済州島	12		
上海	13		¥44,800
〜	14		
福岡	15	$399	
済州島	16		
上海	17		¥44,800
〜	18		
福岡	19	$399	
済州島	20		
上海	21		¥44,800
〜	22		
福岡	23	$399	
済州島	24		
上海	25		¥44,800
〜	26		
福岡	27	$399	
済州島	28		
上海	29		¥44,800
〜	30		
福岡	31	$429	
福岡	6/1		
済州島	2		¥49,800
上海	3		
〜	4		
福岡	5	$429	
福岡	6		
済州島	7		¥49,800
上海	8		
〜	9		
福岡	10	$429	
福岡	11		
済州島	12		¥49,800
上海	13		
〜	14		
福岡	15	$429	
長崎	16		
済州島	17		¥49,800
上海	18		
〜	19		
福岡	20	$429	
長崎	21		
済州島	22		¥49,800
上海	23		
〜	24		
福岡	25	$429	
福岡	26		
済州島	27		¥49,800
上海	28		
〜	29		
福岡	30	$429	
福岡	7/1		
済州島	2		
上海	3		¥54,800
〜	4		
釜山	5		
福岡	6	$599	
鹿児島	7		
〜	8		
上海	9		¥64,800
〜	10		
釜山	11		
福岡	12	$749	
鹿児島	13		
〜	14		
上海	15		¥79,800
〜	16		
釜山	17		
福岡	18	$749	
鹿児島	19		
〜	20		
上海	21		¥79,800
〜	22		
釜山	23		
福岡	24	$749	
鹿児島	25		
〜	26		
上海	27		¥79,800
〜	28		
釜山	29		
福岡	30		
鹿児島	31	$749	
〜	8/1		
上海	2		¥79,800
〜	3		
釜山	4		
福岡	5	$749	
鹿児島	6		
〜	7		
上海	8		¥79,800
〜	9		
釜山	10		
福岡	11	$749	
鹿児島	12		
〜	13		
上海	14		¥99,800
〜	15		
釜山	16		
福岡	17	$749	
鹿児島	18		
〜	19		
上海	20		¥89,800
〜	21		
釜山	22		
福岡	23	$749	
鹿児島	24		
〜	25		¥69,800
上海	26		
〜	27		
福岡	28	$449	
済州島	29		
上海	30		¥54,800
〜	31		
福岡	9/1	$399	
済州島	2		
上海	3		¥44,800
〜	4		
福岡	5	$399	
済州島	6		
上海	7		¥44,800
〜	8		
福岡	9	$399	
済州島	10		
上海	11		¥44,800
〜	12		
福岡	13	$399	
済州島	14		
上海	15		¥44,800
〜	16		
福岡	17	$399	
済州島	18		
上海	19		¥54,800
〜	20		
福岡	21	$399	
済州島	22		
上海	23		¥54,800
〜	24		
福岡	25	$399	
済州島	26		
上海	27		¥44,800
〜	28		
福岡	29	$399	
済州島	30		
上海	10/1		¥79,800
〜	2		
釜山	3		
福岡	4	$749	
鹿児島	5		
〜	6		¥79,800
上海	7		
〜	8		
福岡	9	$429	
長崎	10		
済州島	11		¥49,800
上海	12		
〜	13		
福岡	14		

〔シンガポール方面へ〕
⇓

去日本旅游买电器、不限制重量―日本へ家電・買い出し旅行に行こう、重量制限なし！

◎日本寄港・日本発着の外国船が増えました

これまでも、日本に寄港する外国船はちょこちょこありましたが、2011年には寄港船が増えただけでなく、とうとう日本の港を基地として、外国船の定期運航をする会社が現れました。それはイタリア生まれでイタリア育ちのコスタ社です。2011年の春からコスタ・クラシカ号が、博多港（福岡）をハブ港として、上海と韓国（済州島、釜山）の3国間の連続運航を始めました。これを人呼んで「新・三国志」。このコスタ・クラシカ号は、冬季はシンガポール方面に避寒してその周辺をクルーズしていますが、春になると渡り鳥のように日本に戻ってきます。これは冬季の東シナ海は季節風の影響を受けて、かなり荒れるからです。でも、なぜ博多港？それはこの後で。

このクルーズの魅力は、圧倒的な安さと船内に溢れるイタリアン・テイストにあります。なんと泊単価は1万円そこそこからです。

◎今年、日本に寄港する外国船は？

手を抜く訳ではありませんが、この回答は「まんぼう情報」にまかせたいと思います。クルーズネットワークのホームページをご覧ください。旬の日本寄港クルーズが紹介されています。

ネットには縁がないという人のために、一言で説明すると、日本に寄港する外国クルーズ会社の中でコスタに次いで熱心なのはロイヤル・カリビアン社です。同社は2003年頃からちょこちょこ日本に寄港しては偵察していましたが、2010年からは年に数便ながら日本発着クルーズを始めています。これはもう日本発着の定期運航に昇格する秒読み段階に入ったと私は見ています。おそらく、日本海域に貼り付けられるクルーズ船が、世界の他の海域から押し出されてくるのを待っています。

◎日本を発着する外国船クルーズ

コスタ社の三国志クルーズについてはこのあと詳しく紹介しますが、このクルーズの日本での謳い文句は〈親子4名で8万9600円！〉。このクルーズが開設されるきっかけになったのは、2010年の上海クルーズ・ターミナルの完成です。早速、コスタ社はこのターミナル・ビルに東南アジア海域対応の専門スタッフを置いて、本腰を入れ始めたのです。

私は2009年、英国クルーズからの帰り道で、この新ターミナルが供用開始した初日に、偶然、ここから国際

上海クルーズ・ターミナル・ビルは数棟に分かれ、国際クルーズ棟（コスタ他）、国際フェリー棟（日中フェリー他）、国内フェリー棟（長江クルーズ他）などからなる。各棟は渡り廊下で結ばれていて、乗客はボーディング・ブリッジから船に乗る。表道路からは地下に降りるように車で乗り入れる。ビルの50m前に英国風ツーリスト・ホテル「E-BEST」（189室、1泊$20〜）がある。メトロ駅まで2km、鉄道上海駅へは5km。

上海は昔から港と縁が深く、歩道の花壇も舟形。

2009年9月、上海クルーズ・ターミナル・ビルが供用開始されました。

さすが中国、カウンターの色彩も華やいでいます。

ターミナル・ビルから見た、対岸の上海テレビ塔（東方明珠タワー）付近。

フェリー・蘇州号に乗って大阪港へ帰国しました。出発カウンターは写真のとおり、まるで新しい空港の中のようでした。このターミナル・ビルは上海の繁華街のど真ん中という便利なところにあります。世界一、市の中心地に近い港です。手軽な海外パック旅行で上海に行かれた方は、ほぼ例外なく夕食は黄浦江(長江の支流)に係留されたレストラン船で、中国料理などを召しあがられたのではないかと思いますが、あのレストラン船のちょうど対岸あたりが、上海クルーズ・ターミナルです。川底トンネルで両岸は結ばれています。

◎三国志クルーズは同床異夢

コスタ・クラシカ号は、暖かくなって東シナ海に戻ってくると、中国（上海）、韓国（釜山、済州島）、日本（博多、鹿児島、長崎）の3国をたすき掛けするように、クルーズを続けます。コスタ日本オフィスは、福岡（博多港）を出港して次に福岡に戻るまでを一つのクルーズとして、運航予定表に青字で示した円建て価格を設定しています。

一方、コスタ本社は海外（中国も含む）市場向けに、上海を出港して次に上海に寄港するまでを1クルーズとして、赤字で示したドル建ての価格を付けて、日本以外の外国で販売します。

こうしてクルーズ船は一隻なのに、円とドルの2本建ての、世にも珍しい、同床異夢とも言えるクルーズが生まれたのです。

日本人用クルーズには、両親と同室を利用する18歳以下の子供のクルーズ料金は2名まで無料とするサービスが付いています。上海発着の外人用クルーズにはこのサービスがありませんが、それは上海からのお客の目的は、日本への買い出し旅行なので、「子供など連れて行かないから、そのぶん安くして」ということなのでしょう。

◎このクルーズの寄港地ツアー

◆福岡…入港8時、出港19時

（出港日が翌日になるクルーズもあり）

上海からの乗客は、無料送迎バスで家電量販店か化粧品店に直行します。中国の富裕層は日本の競馬にも強い関心を持っているので、もし佐賀競馬がクルーズの日程にあわせてレースを開催して、博多港からの送迎バスを手配し、あの世界に誇る馬柱を簡体字に翻訳するなどの配慮をすれば、中国からのお客様のおかげで売上は今の4倍にはなるでしょう。

◆上海…入港10時、出港17時

上海駅までは港から歩いてでも行ける距離です。2010年7月に開通したばかりの高速鉄道を使ったら、蘇州、無錫までは小1時間（その魅力は、このあとすぐ）。

でも、遊覧する時間がほとんどないので、上海では市内や近場を観光するしかないでしょう。私みたいに、市内に知り合いがいればいいのですが…。

◆釜山…入港8時、出港19時

丘が多く、それに自動車と自転車が同じ道を走るので、サイクリングにはあまり適しません。バスで市内遊覧（有料）するのも一案です。

◆済州島…わりと広々しているので、サイクリングには最適な寄港地の一つです。司馬遼太郎さんもこの島が好きでした。

◎蘇州・無錫に足を伸ばすと…

コスタのクルーズでは時間がありませんが、上海では市内観光以外に蘇州と無錫まで足を伸ばしたいところです。蘇州はいまも「蘇州夜曲」のとおりの、日本人にぴったりの小運河の街です。また無錫は日本でも放映されたTVドラマ「三国演義」のロケ地で、いまは三国志のテーマパークになっていて、私は「無錫ユニバ」と呼んでいます。

無錫ユニバの見所の第1は、サッカー場のようなスタジアムの中で演じられる、百騎入り乱れての実戦さながらの騎馬戦。馬が百頭いるだけでも大迫力ですが、それが砂埃を上げて入り乱れるのですから、凄いですよ。見所の第2は、「三国演義」の撮影に使われた原寸大の軍船による太湖遊覧です。

ところで、蘇州にも無錫にも大きい高級ホテルはありませんが、清潔で宿泊料は上海の半分くらいの、若者向きのプチホテルが、それこそ一杯あり、ネットで簡単に直接予約できます。もちろん英語ですが。

このように、上海市内から足を伸ばして蘇州、無錫に1泊するには、大阪からの国際フェリーを使うのが便利です。その旅程表の一例をあげておきましょう。

〔注〕コスタ社の三国志クルーズ、私は夏休み期間から売れるだろうと予想していましたが、同社広報担当者によると実際には泊単価の安い夏休み前後から売れているようです。

大阪から、国際フェリーで無錫ユニバに行こう

上海フェリー／蘇州号（14,410トン、乗客272名）

1（金）	大阪国際フェリー・ターミナル	12:00発
2	―航海―	
3（日）	上海国際フェリー・ターミナル	10:00着
	到着後、上海駅で高速列車の切符を買い	
	蘇州・無錫遊覧後、どちらかの街で1泊	
4（月）	夜、上海市に戻り、E-BESTホテルなどに宿泊	
5（火）	上海国際フェリー・ターミナル	11:00発
6	―航海―	
7（木）	大阪国際フェリー・ターミナル	9:00着

運航予定　毎週（金曜昼・大阪発、木曜朝・大阪着）

往復運賃　大人¥30,000　学割¥27,000
12歳未満は半額、6歳未満は親1人に1名無料

代理店　まんぼうくらぶ　電話 03-5623-0780
稲葉代表は上海フェリー立ち上げ時の関係者とか

船内朝食、展望大浴場入浴料は運賃に含む

馬柱（バチュウ）

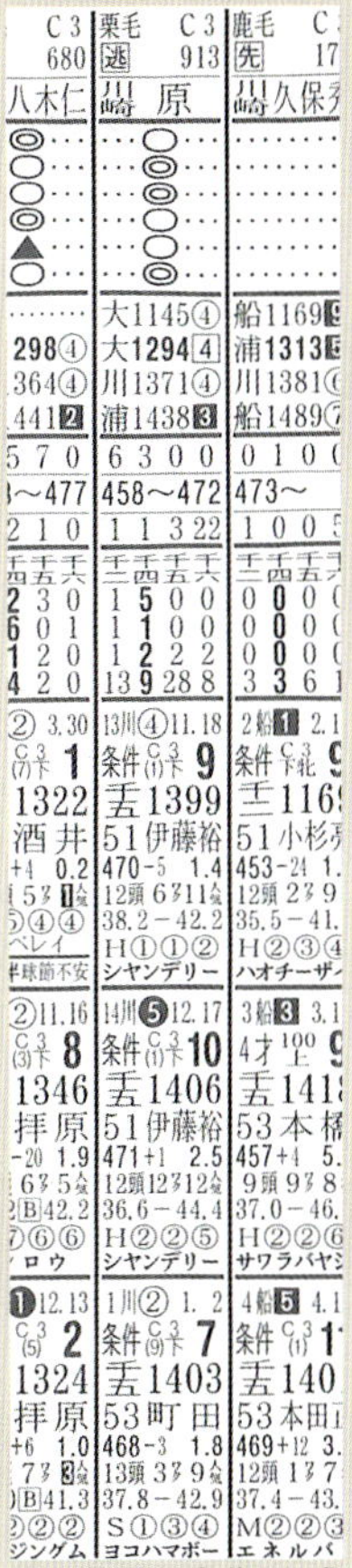

馬の体重の変化や、成績、資質、競走偏差値の推移を凝縮して表にしたもの。日本独特の競馬文化のひとつ。

三国志のテーマパーク無錫「三国城」

日本人なら誰でも見覚えがあるでしょう、あのピースボートのポスター。あれを貼り始めて、もう30年。愚直なまでのあのポスター。でも出港したら、いつの間にか次回のポスターに貼り変わっていることをご存知でしたか？

ピースボートという団体がコーディネートするクルーズは、東西に世界一周するだけではなくて、時には南北に一周することもあるので、地球一周。ピースボートが発足以来、もう76回目の地球一周まで発表されており、リピーター客が多いのも特徴です。先々代の船、トパーズ号で地球一周した第55回クルーズの同船会〔注〕が２００８年の第65回クルーズで開催されたので、飛び入りで参加してお話を聞いてきました。30名ほどがお集まりで、最初の自己紹介を聞いて、ピースボート乗船歴３回、４回という方が珍しくないのに驚いた覚えがあります。

これまで73回もの地球一周クルーズを継続実施していることと、リピート客も多いことで、このクルーズの内容がある意味で充実していることはご判断いただけると思います。

〔注〕船の乗船同期会なので同船会と呼びます。

◎外国の銘船をチャーター使用しています

ピースボートのスタッフは、吉岡共同代表以下、学校のサークル活動さながらのノリでいまも仕事をこなしていますが、使用する船は世界のクルーズ界で活躍した、言うならば往年の銘船を、チャーターして使っています。現在のオセアニック号の前には左頁に掲載したような船を使っていました。最近の耐火性建材を多用した豪華客船とは違って、天然木材を豊富に使っている銘船では、進水したその日から年輪が刻まれます。ただ、防水隔壁のための廊下の段差には時代の流れを感じますが…。

◎シングル部屋が百以上もあります

世界一周クルーズ船に限らず、普通のクルーズ船でも、ツイン部屋が標準です。シングル部屋のあるクルーズ船なんて、ほとんどありません。なので一人者の船旅では泣く泣く割増料を払ってツイン部屋を使うのです。ところが、乗客の方は世界的にみてもシングル客の割合が増えています。14頁でも触れたように、オセアニック号には１３０室を超えるシングル部屋があります。そのうちのわずか８室ですが広々したバルコニー付きのシングル部屋もあります。キャビンはすべて昔風のゆったりした造りになっています。

◎日本発着、船内では日本語が標準です

ピースボートクルーズの船のクルー（乗組員）は外国人ですが、みな怪しげながら日本語を使います。乗客のほとんどは日本人ですから、乗客は誰に気兼ねもなく、万事、日本語で気楽に過ごせます。これでは外国に旅行した気がしない、という人もいますが、そんな人にピッタリの、泊単価１４０ドルというコスタの世界一周クルーズが今年から始まります（40頁）。もっとも、日本発着ではなくて、サボナ（イタリア）発着ですが。

20型
折り畳み自転車

ホームセンター・コーナンにて7,980円で購入
（同社のeショッピングでも購入可）
自室に持ち込める大きさであることが条件

◎重い手荷物は宅配便でキャビン宛に送れます

いまやピースボートクルーズだけに限ったサービスではありませんが、乗客は宅配便で手荷物を自分のキャビン宛に送れます。ピースボートクルーズでは自転車の持ち込みが流行っています。これは日本の港を発着するクルーズならではのサービスです。自転車は甲板上で使うのではなくて〔注〕、寄港地でサイクリングに出掛けるのです。

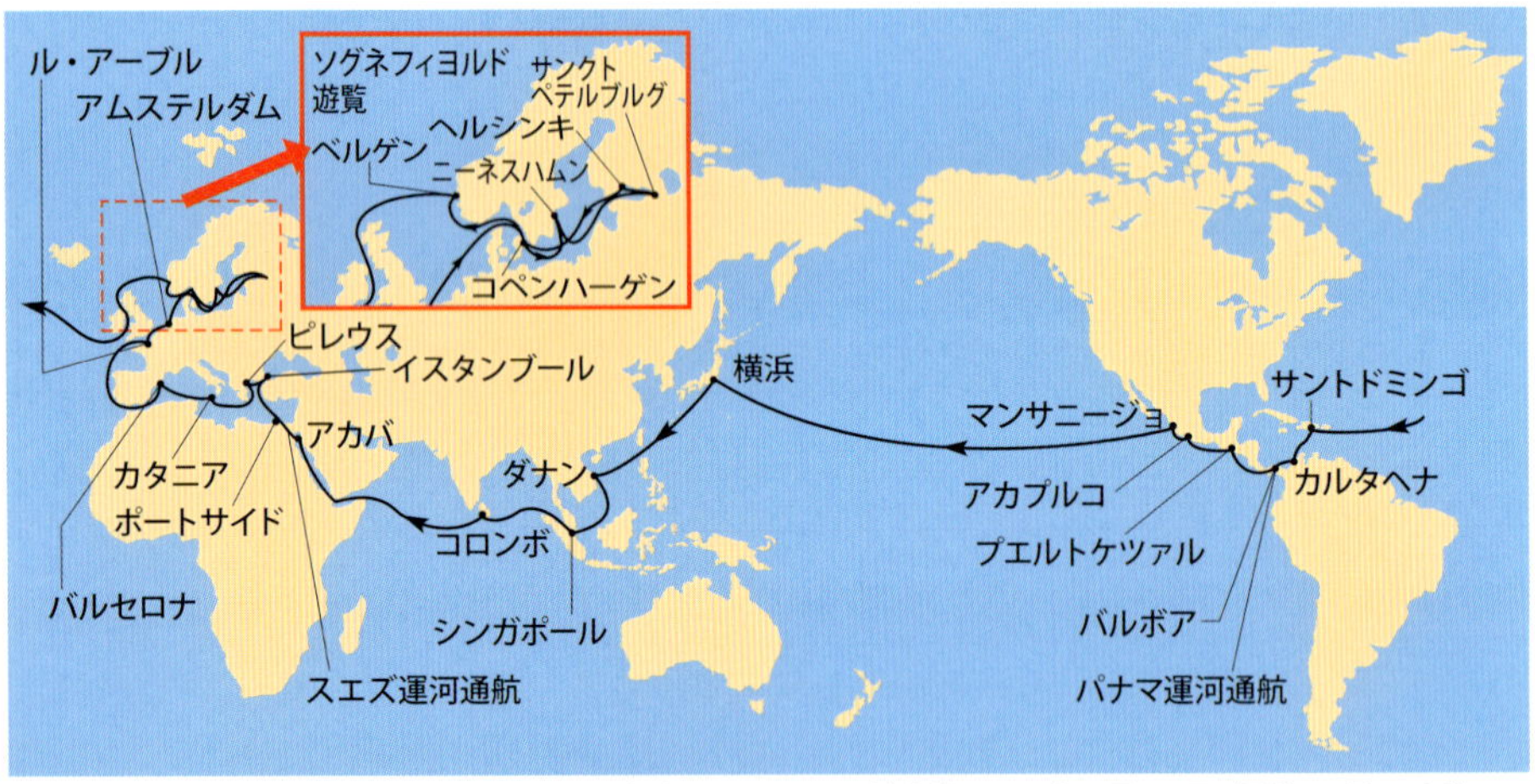

ピースボート／オセアニック号 第74回地球一周クルーズ（出発2011年7月19日、帰着10月27日）

ピースボート・ライフの紹介はこの後も続きます。

〔注〕オアシス号ならいざ知らず、オセアニック号の甲板はそれほど長くはありません。

いろいろお話を伺ったアチワ様ご夫妻（エンセナーダにて）

ピースボート第69回地球一周クルーズでは人気の北欧海域へも

【033】Oceanic
38,772tons　238.4×29.4m　1,550／565人　5　Italy

ピースボート歴代の船

オセアノス号

新さくら丸

アワニドリーム号

オリビア号

トパーズ号

ふじ丸

モナリザ号

ピースボートのクルーズ予定

2011年：4月　5月　6月　7月　8月　9月　10月　11月　12月
2012年：1月　2月　3月　4月　5月　6月　7月　8月

4/24～7/12	第73回　80日	彩り豊かな世界をめぐる地球一周
7/19～10/27	第74回　101日	北欧航路をゆく地球一周
1/24～5/3	第75回　101日	西アフリカ・黒海をゆく新航路!
5/8～8/17	第76回　102日	北極航路をゆく地球一周

オセアニック号は、これまで、地球一周クルーズから帰ってくると、船内見学会をすませて、あわただしく次のクルーズに出かけていたが、上の就航予定表にあるように、第74回クルーズから帰ったあとは、ピースボートで就航して以来、初めての長期ドック入りをする。その間に、これまで懸案になっていた数々の改装工事をして居住性を改善するものと期待されている。

ピースボート料金例

（2012年5月8日出発　第76回地球一周クルーズの場合）

〔1人当たり料金〕	最安キャビン料金	バルコニー付き料金
4人相部屋 フレンドリータイプ	1,250,000円 （1,480,000円）	なし
2人部屋 ペアタイプ	1,650,000円 （1,850,000円）	2,950,000円 （3,300,000円）
1人部屋 シングルタイプ	1,950,000円 （2,300,000円）	4,300,000円 （4,800,000円）

※2011年4月27日までの早割料金／（　）内は標準料金

写真提供：ピースボート
撮　　影：水本俊也、内田和稔、牛島

①ティキ・バー

②居酒屋「波へい」

③セブンコンチネンツ・レストラン

④スターライト・ラウンジ

⑤キッズルーム

⑥スポーツ・ジム

⑦ペア・バルコニー

⑧ペア・セブンシーズ

⑨シングル・バルコニー

⑩シングル・バジェット

オセアニック号のデッキプラン

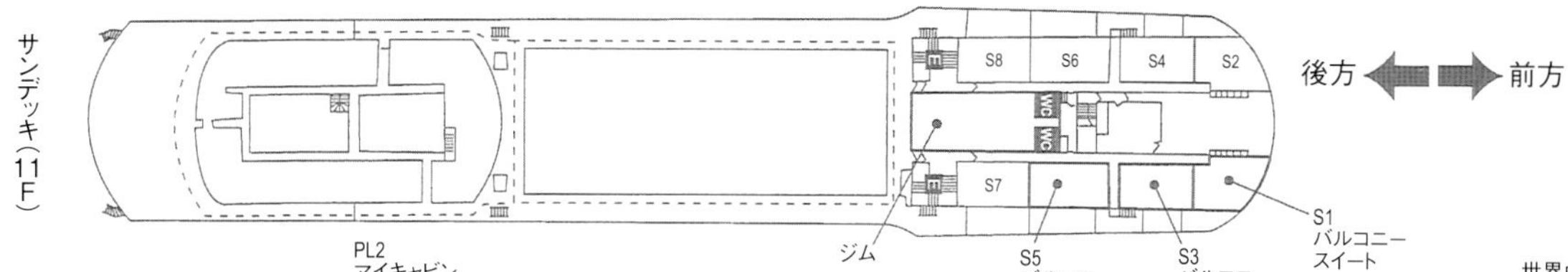

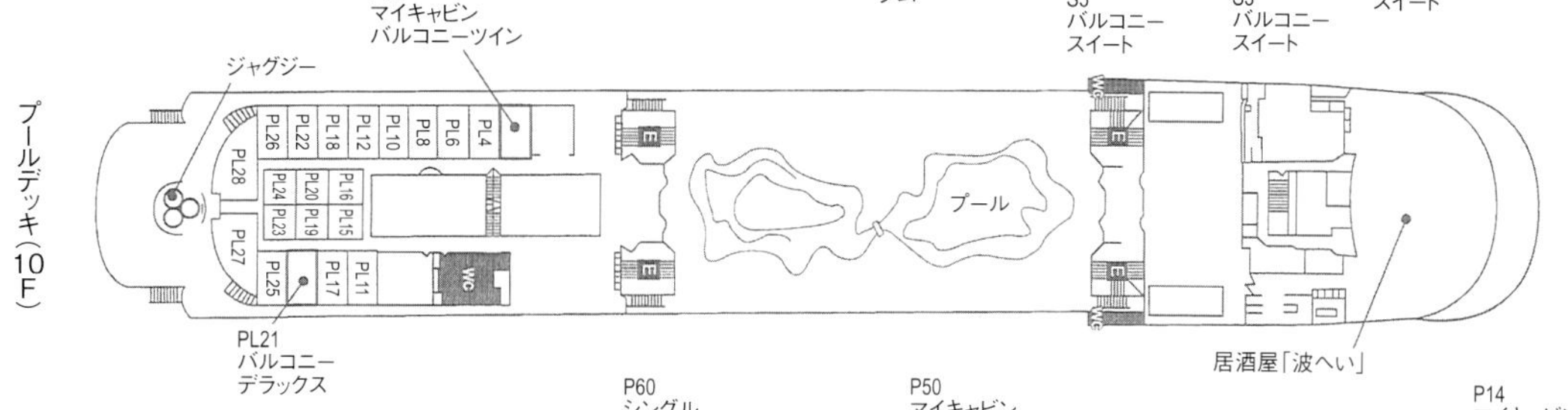

世界中のクルーズ船の中で、オセアニック号だけはキャビン番号を公開していません。ここに記したのは、1985年頃に当時のデルタ航空、バス最大手のグレイハウンドとディズニーの3社が共同で、この船をカリブ海方面へのクルーズに使っていたときのキャビン番号です。その後の改装に伴い若干の変更があるかも知れません。

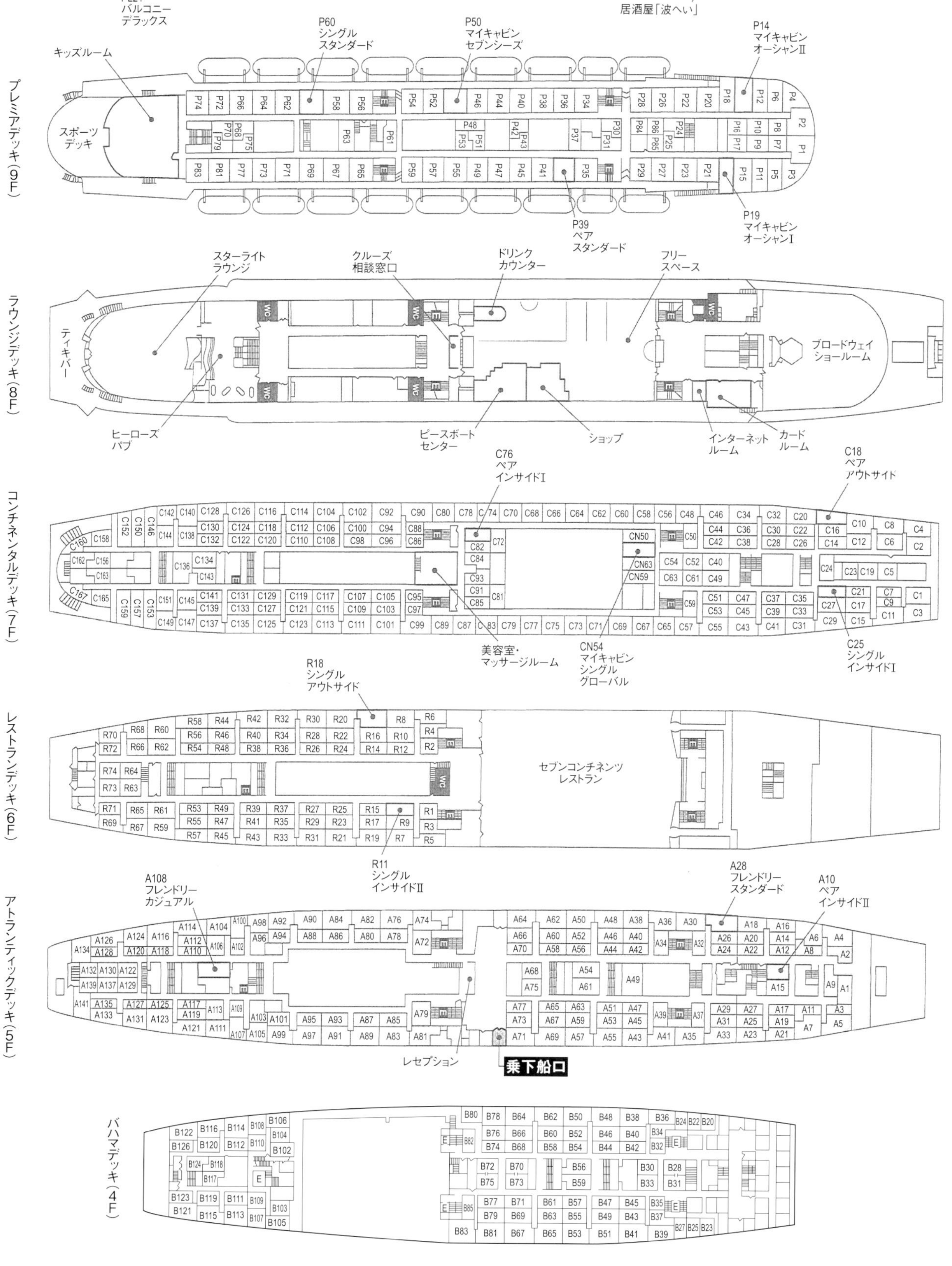

ピースボートのポスター貼り

ことの起こりは

ピースボートのお話は1983年の早稲田大学から始まります。当時、市民運動と労働組合とが協力して、にっぽん丸による国際連帯のクルーズが企画されましたが、出発の約3カ月前になってドタキャン。困った船会社が早稲田の学生だった吉岡達也さんにその肩代わりを相談してきたのがことの起こりでした。吉岡さんは、はじめは「なんや、それ？」という心境で、仲間だった辻元清美さん（1996年、国会議員に）らと相談して引き受けましたが、1ドル280円の時代で、準備不足も手伝って初代にっぽん丸でのクルーズは大赤字でした。

クルーズは面白い

赤字でも、クルーズの味を知った吉岡さんは、高円寺の自分のアパートをたまり場にして仲間らとピースボートを立ち上げて、こんどは自主クルーズを企画しました。その募集のためにポスターを馴染みのお店に貼らせてもらうという方法や、民間レベルでの国際交流の原形はこのときに出来上がりました。それで、第2回こそにっぽん丸を使いましたが、その後は外国船のコーラルプリンセス号に昇格。万事、みんなで相談して進めるというやり方で、第3回、第4回と続けました。そして気が付いたらいつの間にか、もう70回を超えているのですが、世界一周の船旅を連続実施しているのは世界広しといえどもピースボートだけ。ギネスブックものです。

話は一転、てんこもり

私事になって恐縮ですが、私が通っている絵手紙教室「空（くう）」（指導・中三川真智子先生）の真向かいに「てんこもり」という天麩羅屋があります。午前組の教室が終わるとちょうどお昼。で、てんこもりに行きますが、今では制作が目的なのか、てんこもりの天丼を食べたさに絵手紙教室に通っているのか、あいまいになってきています。この「てんこもり」とピースボートの接点が二つあります。第1は、船のバイオ燃料油。第2が例のポスター。この店では、天麩羅を揚げるのに身体にやさしいキャノーラ油（原料は菜種の一種）を使いますが、揚げたあとの油は製油所でバイオ燃料油に精製し、ピースボートの船の燃料として使う予定でいました。バイオ燃料ですから地球を汚染しません。この着想は素晴らしかったのですが、思わぬところから油が漏れました。名古屋で排出されたバイオ燃料は地元で使え、とばかりに地元自治体から購入の申し出が相次ぎ、横浜港の分まで回せなくなったのです。

ポスター貼りこそわが命

ピースボートクルーズの旅行客募集の原点は、今も店頭に貼られたポスターで、全国の各所に貼り出せると、ピースボートクルーズの乗客が増えるという計算ですから、ポスター貼りこそわが命、なのです。ポスターを貼るのは全国各地のボラスタ（ボランティア・スタッフ）です。ボラスタはポスターを貼らせてもらうたびにポイントが貯まります。そのポイントはクルーズ代金から割引になるというシステムがあり、多くの若いボラスタが集まっています。また、ポスターを貼らせてもらえるお店は、先輩がピースボートを卒業するとき後輩に引き継ぎます。ポスターを貼る技術をしっかり引き継いでいくことで、魔の真空地帯ができたり、逆にダブリも防げます。誰から誰に引き継いでいったという表にはタマとかミケとかの源氏名で名前が書いてありますから、そのときにそこに詰めていたボラスタにしか実名は分かりません。よって、ボラスタさんのプライバシーは100%守られます。ピースボートは、このような若い人たちのアイデアと力によって、いつもしっかり支えられています。

金山市民会館前

リピータ：505円　夜の早割り：生ビールなどのドリンクサービスあり

店内にはピースボートのポスター

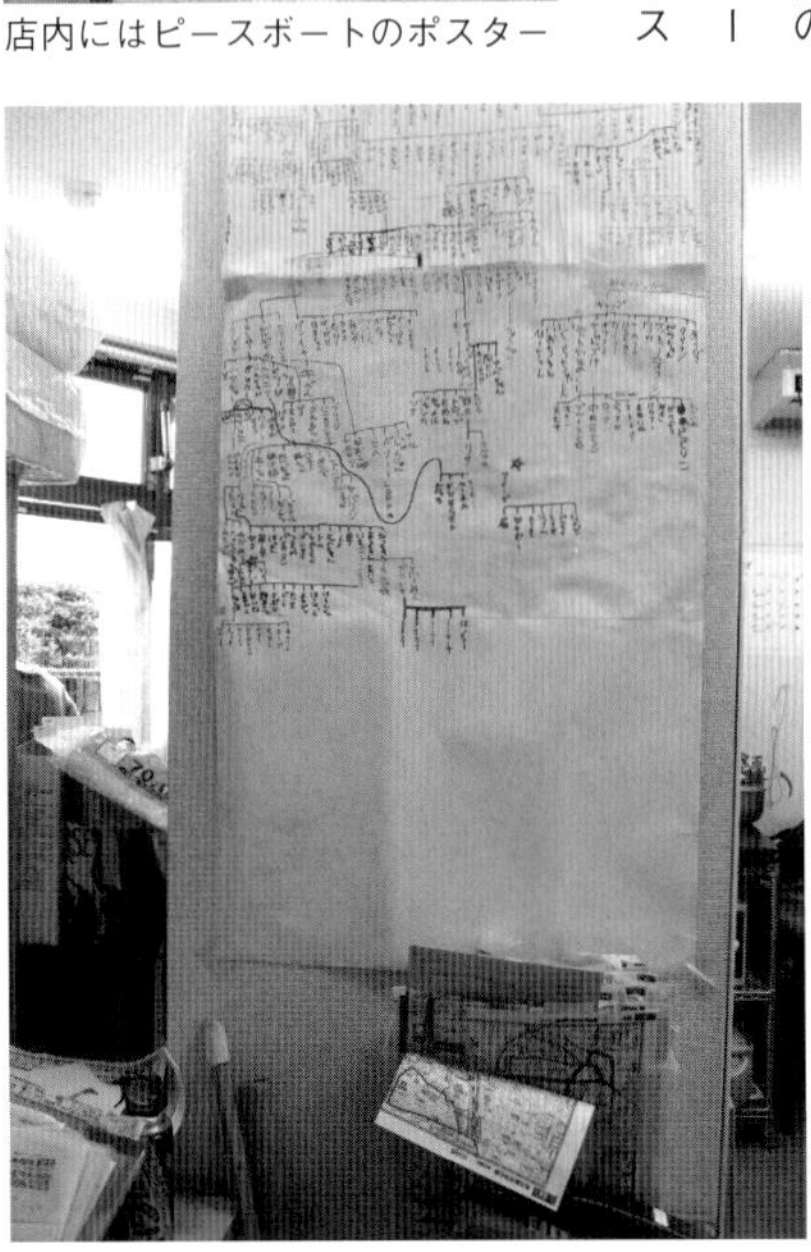
引き継ぎ表（名古屋センター）

船の中ではボラスタさんと仲良しに…

ドイツには一般のクルーズ会社ではない、クルーズを運航する団体、つまりピースボート的な団体がいくつかあり、かつてはキラリと光るクルーズを提供していましたが、そのいずれも、事業を続けているうちに組織が肥大化し、普通のクルーズ会社になり下がり、やがて消滅してしまいました。

地球一周を支えるのはボラスタさんです

ピースボートが70回を超えるまで続けて来られたのは、ボラスタという史上稀有な仕組みを生み出し、その力を活用して、スリムな体質を守ってきたからではないでしょうか。

部室はワンルーム（名古屋センター）

各地のピースボートセンターはどこも女子校のサークル部室のような雰囲気であふれています（男性は少ないようです）。ピースボートクルーズには割引システムを利用して多くのボラスタさんが乗船しています。

ピースボートクルーズの乗客は林住期（33頁）の方が中心で、どちらかというと地味ですが、その乗客の間に若いボラスタさんが挟まって、全体としては華やいだ雰囲気になっています。が、彼女らの役割は、そんな生け花の代わりを務めるだけではありません。実は乗船しているボラスタさんは、ピースボート側から見ると、ちゃんとクルーズ料金を払ったお客様です。でも、乗客から見ると主催者側の一員のように映ります。当のボラスタさんに聞いてみると、「自分たちはお金を払って乗っているお客だけど、そのクルーズ代はどこで得た？と問われると、お客様あってのことで、バイトさせてもらってポイントをゲットした。だから、船内ではお客様のことはいつも気にかけています」と、見事なお答えでしたから、乗客は遠慮なく相談していいようです。いちばんありがたいのが、寄港地に上陸したときの通訳です。何ごとにも好奇心旺盛な彼女らはほぼ全員上陸します。寄港地ではあちこちにボラスタさんの姿が見えますから、ちょっとした通訳は彼女らに頼めます。アチワさんの奥様は、寄港地の美容室でカットするというボラスタさんに付いて行って、ご自分も通訳してもらってカットしてきました。なんでも、日本の20年くらい前の料金だったとのこと。買い物にも一緒に行ったそうです。これなど、ピースボート側では誰も考えつかなかった乗客へのサービスでしょうが、ボラスタさんたちのご好意で、お客様は大満足です。

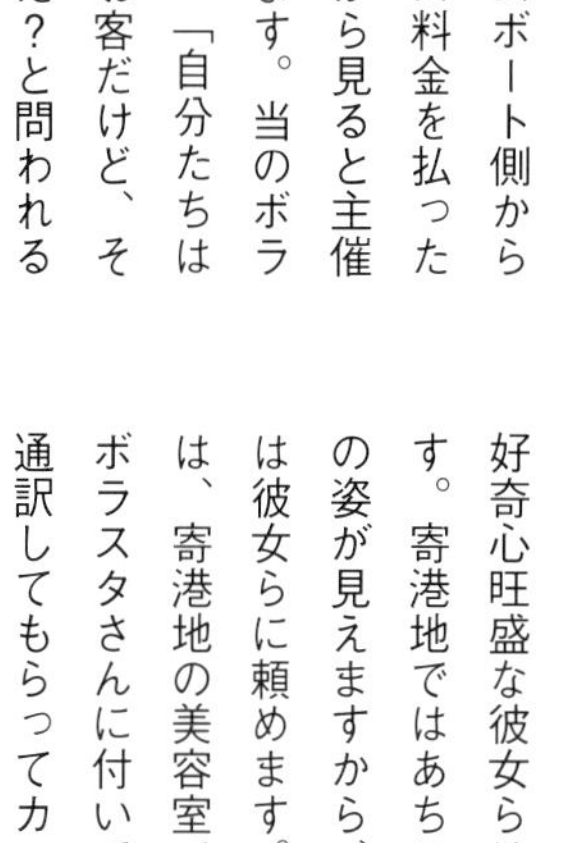

お客は座ってビラや絵はがきを読みます（名古屋センター）

第95号　船内新聞 ろっくタイムズ　2010年7月19日(火

※時差発生…本日(19日)24時になりましたら、お手元の時計を1時間お戻し下さい。
なお、日付変更線通過のため、20日は消滅日となり、明日の日付は21日になります。

ろっく69タイムズ
日の出 4:58 日の入 20:34 第95号

船内テレビダイジェストDVD
販売予約受付のお知らせ

船室テレビ30チャンネルと
ラウンジデッキ(8階)中央エレベータ前モニターで
放送してまいりました、
69TV(ロックテレビ)のダイジェスト版を
予約販売いたします。

●日時
19日、21日　13時～16時
23日　16時30分～18時00分
●場所
ラウンジデッキ（8階）
中央エレベーター前
●価格
３５００円（送料込み）
●発送
９月上旬
●内容
全10回の船内テレビ放送の総まとめ60分
と特典映像
全寄港地、水先案内人講座、各種イベント、
ブリッジ・キッチンなど船内の様子など

第69回クルーズを思い返せるよう、
またご家族、知人のみなさまにも
楽しんでいただけるよう鋭意制作中であります。
どうぞお買い求めください。
※必ずＩＤカードをお持ちの上お越しください。
※下船後の受付・販売は一切行いません。
あらかじめご了承下さい。
（ピースボート　黒川武彦）

GET卒業式

本日（19日）、洋上有料ＧＥＴ英語・スペイン語・日本語プログラムの卒業式が行われます。プログラムを通して先生、受講生一人ひとりに様々な喜びや挑戦があり、学びがありました。始めのクラスの緊張した顔がうそのように、今、自信に満ちてコミュニケーションを楽しんでいる皆様の門出を祝います。コミュニケーションの輪がこれからも世界に広がっていきますように。
卒業式はＧＥＴ生以外の方の参観も大歓迎です。
■本日（19日）
卒業生集合　13時30分　開始　14時00分
ブロードウェイショールーム

GET卒業パーティ

卒業式の後はパーティー。クラスメート、先生と３ヶ月の思い出を語り、歓談をお楽しみください。有料ＧＥＴ受講生にはドリンク1杯プレゼント。皆で乾杯しましょう！
■本日（19日）
開場　20時45分　開始　21時00分
スターライトラウンジ　（ＧＥＴ）

多様な人生の選択
～企業就職編～

太平洋に入り、船は日本へとドンドン近づいています。「帰ったら何をしよう？」と考え始めている方も多いのでは？今回は企業への就職を考えている人を対象に、乗船前に人事の部署に携わった方をゲストに迎え、就職活動のコツをアドバイスしてもらいます。
■本日（19日）
開場13時45分
開始14時00分
スターライトラウンジ
（ピースボート　青木友里）

～ＮＧＯで生きていく～

これまでさまざまな人生の選択を紹介してきたシリーズ企画、最終回は「ＮＧＯで生きていく」がテーマ。ＮＧＯピースボートでスタッフとして働く小林深吾・チョウミスが、実際の仕事や生活、ＮＧＯの役割や他のＮＧＯとの関わりなどについて紹介します。
■本日（19日）
開場　15時45分
開始　16時00分
ブロードウェイショールーム
（ピースボートチョウミス）

2010年海の日を取り戻せ！

地球一周分の24時間の時差を全て、相殺するために、20日が消滅します。また、今夜19日24時に、1時間の時差が発生します。そこで、この1時間に「自主企画」「ピースボート企画」「ＧＥＴ企画」など様々な企画を詰め込んで「20日」とする消滅日企画を行います。
この間、ＰＡチームが中心となって準備してきました。ユーモアあふれる企画(20日)。是非有意義にお過ごしください。
■本日（19日）
開場　23時45分　開始　24時00分
ブロードウェイショールーム
（ＰＡチーム）

ある日のピースボート船内新聞（アチワ様提供）

私　奥様、お食事はどうでした？

奥様　和食と洋食が交互に出る感じで、おいしかったですよ。もっとも、女の人は三度の食事が上げ膳据え膳なら、それだけで満足なんだけど…。

私　持っていかれたもので、何が役に立ちましたか？

七郎さん　私は日本では毎週床屋に行くたちなので、充電式の電気バリカンを持っていったんやが、甲板で髪を刈っていたら、貸して貸してとみんなに言われてねえ。行列ができるくらいやった。それと、あるリピーター・グループが自転車を持ち込んでいたが、あれはいいな。我々が（寄港地で）車を待っていたら、前を自転車でスイスイや。

奥様　渡邊さんに勧められて百円ショップで買っていった洗面器が役に立った。部屋でちょっとしたものが洗えたし、足湯にも使えるし、借りに来る人までおられましたよ。洗濯石けんは、寄港地で買えた。日本茶の葉は、日本でお使いになっているものを、多めに持っていったほうがいいですよ。

私　どうですか、もう一度ピースボートの船に乗ってみたいですか？

七郎さん　乗る、乗る。今度は二人で折り畳み自転車を持ち込んで。

奥様　違うコースへならまた行ってみたい。肩の凝らない旅行だから。今度はもっと大きめの洗面器を持って。

ピースボートが似合う人

ピースボートの船旅が気に入った人は、船内で乗客どうしが醸し出す下町的なコミュニケーションが良かった、と言われます。外国のクルーズ会社の船にもよく乗られるアチワさんご夫妻は、ピースボートの地球一周の船旅は肩が凝らなかったのが何よりも良かった、と評されましたが、けだし名言だと私も思います。逆に、煩わしい隣近所との付きあいの少ないマンション暮らしをお好みの方には、ピースボートの旅は合わないようです。そうかといって、外国の会社のクルーズに一人で参加すると、ＤＶＤのＡ４にあるように進行していくディナーの席に単身で加わることになります。もちろんビュッフェで済ます手はありますが。でもその雰囲気を一度味わってみたい、という人のために、あのディナー風景を延々と撮影してきました。ディナーの席上での諸々のマナーを守った上で、みなさんの会話の内容が理解できたようなふりをして、時にはあいづちなども打って、その一方では周りの食事ペースに遅れをとらないように付いていくのは、たいへんです。ここはシェイクスピアならずとも、悩むところです。私もその名案を持ち合わせていません。

しください。なお、日付変更線通過のため、明日の日付は21日になります。　2010年7月19日（月）

あん（フリースペース右舷側）　ラウンジデッキ(8階)中央

ラウンジデッキ(8階)右舷側 囲碁スペース
囲碁大会 ～パシフィック杯～
(P)囲碁大会実行委員
本日は決勝戦！
19:00より表彰式を行います。
▼詳細は紙面をご覧下さい。

星図の見方から星の探し方まで
9:30～10:30
（自）フカちゃん
初心者向け星の見方講座です。質問受付ます。

映像チームミーティング
10:30～11:00
(P)黒川武彦
すべての答えは、すでに自分の中にある。

新聞編集会議
11:00～11:30
(P)古川敦子

いい日々の過ごし方、そして人生において
12:30～13:00
（自）岩崎愛,69メンバーよ。
何かしたい人！！お勧め仕事・ボラある人、共有しデータ化！！

キッズミーティング
13:00～14:00
(P)子どもの家
ママたち集合だよ。アイディア持ち寄りましょう。

カード入れ作ろう
14:30～16:00
（自）いくこ
千代紙と牛乳パックを使ってカード入れを作ります。材料費50円。

ayumi hamasakiファン集合♥
16:00～16:30
（自）ロープ&陽気なピロリ
あゆのＣＤ・ＤＶＤ見たいのに持ってくるの忘れた！とにかく集合。

女バックパッカーで旅に出よう！
16:30～17:15
（自）なつさ
人生は旅。旅は人生。もっと旅したい人集まれ！女だって一人旅♪

妄想ディナー
18:00～18:10
（自）ロープ&(陽気なピロリ)
集合後ディナーへ！全て架空の話をしながらディナーを頂こう！！

しんごさんFCミーティング☆
18:10～18:30
（自）ティンク
会員は集まって！！

パールアクセサリーを作ろう②
18:30～19:30
（自）Arata
限定6名！昨日来れなかった人歓迎。材料費300円/3ドル持参。

いきものがかりファンクラブ
19:30～20:00
（自）妹
芸能界の裏事情！？歌おうか♪♪(秘)で。

ブッカーミーティング
21:30～22:00
(P)チームブッカー

広島８月６日行く人、本気で集合！
22:00～23:00
（自）あいこ・おたか・ダイコー
旅程が合う人同士連絡先交換しましょう。長崎沖縄行く人も募集。

その他

ラウンジデッキ(8階) 左舷側後方パシフィック

卓球（ラージボール）
8:00～9:30
(自)金井
卓球愛好者集合!!楽しくラージボールで汗を流しましょう。

卓球（硬式）
9:30～11:00
(自)北原
汗をかくのは気持ち良い。楽しい楽しい卓球です。みなさん集合です!!

卓球しよう
11:00～12:30
(自)ミッチー
汗を流そう。

マジックする人集まれ
13:00～14:00
(自)あらさん
マジックすきな人、集まって教え合いましょう。

クラシックバレエ入門
14:00～14:45
(自)Arata
初心者歓迎！基礎から教えます！

【海の日記念企画】①
Sea to Summit
－Surferの見た海－
15:00～16:00
（P）東千恵子
▼詳細は紙面をご覧下さい。

ケチャップVSカラスマン
16:00～17:00
(自)トワとその他の野郎共
天パＶＳ天パ。眼鏡ＶＳ眼鏡。

☆Make peace練習します☆
17:00～18:00
(自)Make peace合唱団
一時間、がっつりやりましょう！みんな来てねー！

ナガサキ被爆証言会 ～今、伝えたいこと～
18:30～19:00
(P)おりづるプロジェクト
※1945年8月9日11時2分･･･
あの日の出来事をあなたに伝えたい

地球小学校、夏期講習⑥
21:00～22:00
（P）地球小学校
今回の授業内容はＨＩＶ。
▼詳細は紙面をご覧下さい。

音色69ミーティング
22:15～23:15
(P)鈴木隆之・若林拓二

プレミアデッキ(9階) 後方スポーツデッキ

トライアスロンごっこ
9:00～9:45
(自)あいこ
ジョグなわプール？念のため水着！最後かもよ、みんなおいでってば！

ラウンジデッキ(8階) 中央エレベータ前

船内テレビダイジェスト ＤＶＤ販売予約受付
13:00～16:00
（P）映像チーム
▼詳細は紙面をご覧下さい。

プレミアデッキ(9階) 後方キッズルーム

ヨガ
ゆっくり体を動かしましょう
6:00～7:15
(自)庄　如心
ご自分のできる範囲でゆっくり体を動かしましょう。

自彊術
7:15～8:00
(自)みつえちゃん
毎日一緒に自分の体力に合わせて動き下船まで元気で楽しい旅を。

からだのバランスをなおす方法
9:00～10:00
(自)かや子
腰痛・膝痛などの歪みを自分でゆるめ治す方法、お伝えします。

南国風フラダンス
10:00～11:00
(自)okko
ゆったりした南国ムードのブルーハワイを一緒に楽しみましょう。

初級ダンス教室
11:00～12:30
(自)永田　實
今日は卒業式です。全員集合。

しゃべり場～死刑についてどう思いますか～
13:00～13:30
（自）もじゃり場@MC
光子母子殺害。人を殺すとは？賛否歓迎！！その後で。
詳細は掲示板にて。

茶道教室⑥
13:30～15:00
（自）辻野
最後の茶道教室です。机、椅子を使ってします。お気軽にどうぞ！

アクロバットとパントマイムのリハーサル
16:00～17:00
（水）マーティン・ブラザーズ

アフリカンダンスリハーサル
17:00～18:00
（水）マーティン・ブラザーズ

ヨガ蓮の花のムドラー練習
18:30～19:30
（自）庄　如心
蓮の花のムドラー練習。夕方ヨガしたい人もどうぞいらして下さい。

ニート～ファイナル～
20:00～21:00
（自）やまぐ
ゴロゴロします。最後なのでニートじゃなくでも来てね。

プチ水案その後のしゃべり場
21:00～22:00
（自）チームbelieve
最終日の今日！！みんなで話してシェアして想いを出しきっちゃいましょ！

ホスト・キャバクラ
22:00～22:30
（自）MASA
ミーティングします。キャスト募集するので興味ある人来てね！！

貿易ゲーム～ワークショップ～
22:30～24:00
(自)たつよし
世界を変えるワークショップ！！自分の目で見て肌で感じてくれ！！

ラウンジデッキ(8階) 後方ティキバー

朝日に叫ぼう！！
6:30～6:55
（自）アダッチ（兄）
朝日に向かって自分の夢や希望を叫ぼう！

Walk the Talk
6:55～7:05
(自)ぼうちゃん
プチ水案になる為に、話すことで自分の考えをまとめよう。

９条ダンス
11:30～12:00
（自）タラバ
時間短いから集中してやるよー！今日は絶対来てね！

ゴリエ♥
12:00～13:00
（自）ゴリエ♥
練習できる時間もあと少し。頑張りましょう～

６９’ｏｎｓ練習
14:00～15:00
（自）ヒトミ
細かい動きを合わせて練習頑張るゾー！エイエイオー！！

PEACE STREET
15:00～16:00
（自）Lee
今日がラストの練習日かも！69をLOCKで締めくくろうぜ！！

太鼓塾
16:00～17:00
（自）塾生
22日の自主企画発表会に出たい人全員集合！

軽犯罪法２３条ダンス
17:00～18:00
（自）うみ
メンバー集合！やるぞー！

Peace ソーラン
18:00～18:30
（自）うみ
あとちょっとしかないぞ！

The Doors Night
22:00～23:00
（自）トシ
ドアーズの音楽を！時間フルに聞こう。雨天中止。

プールデッキ(10階) 中央プールデッキ

おはよう太極拳
6:00～6:30
（Ｊ）比嘉

朝だ！元気に！ラジオ体操！
6:30～6:45
(自)中のなか

ハカ
10:30～11:15
（P）サム

ジャグリング&クラウン自主練習！
10:45～11:30

サーカス参加者全員集合
18:15～20:00
（水）マーティン・ブラザーズ
22日のサーカスに向けた全員集合のリハーサルです！

【海の日記念企画】⑤
映画上映
開場 20:15
20:30～22:00
（P）海の日実行委員会
▼詳細は紙面をご覧下さい。

（水）＝水先案内人企画　（自）＝自主企画　（P）＝ピースボート企画　（J）＝ジャパングレイス企画　（G）＝GET企画　（船）＝船会社企画

～23:00（ラストオーダー22:30）
翌 4:00（ラストオーダー翌 3:30）
4:00～16:00（各15分前まで受付）

●ピースボートセンター（ラウンジデッキ8階中央）10:00～12:00／14:00～18:00

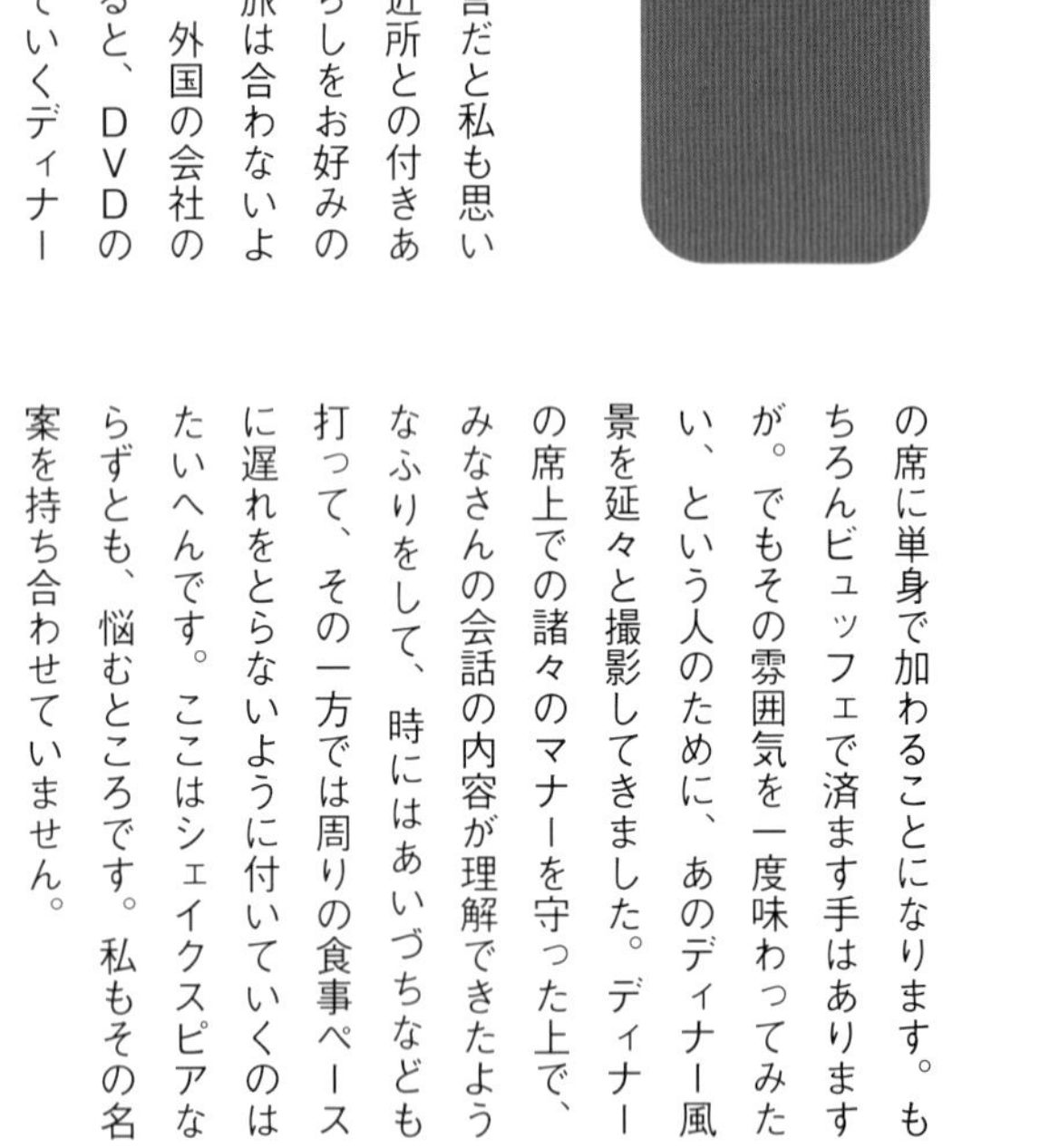

ピースボート船内見学会

ピースボートの船内見学会

ピースボートの船旅が好きという人と、そうでない人とは、はっきり分かれるようです。その切り分けの一助にと、ピースボートでは船内見学会（無料）を３カ月に１度くらい開催しています。オセアニック号が日本に帰ってきて、次のクルーズに出掛けるまでの、わずかの期間中に開かれます。場所は横浜港大桟橋ですが、ときどき神戸でも開催されることがあります。ピースボート船内での下町情緒豊かなコミュニケーションは、見学会では見られませんが、オセアニック号とクルーズに関してはよく分かるので、みなさんもご家族づれでぜひ参加してみてください。到着した家族順に、ピースボートのスタッフが１人ついて、質疑応答しながら主要な客室も含めて案内してくれます（一巡に60分くらい）。無料で行われるクルーズ船の船内見学会は他にありませんから、これは貴重な存在です。船に乗ると、もうそこは外国ですから、必ず参加者全員の事前申し込みをして、後から郵送されてくる１人１枚の乗船券が必要と厳格です。なお、見学会のときはまだパスポートは要りません。

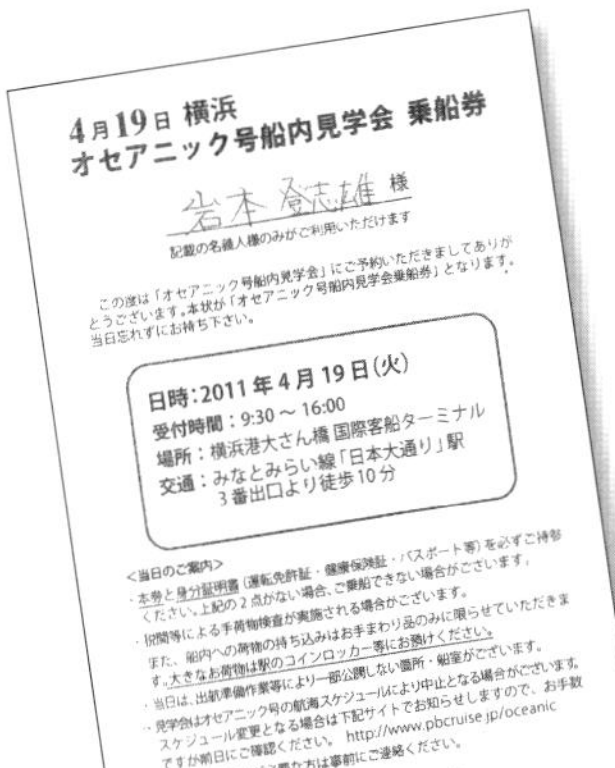

4月19日 横浜
オセアニック号船内見学会 乗船券

岩本登志雄 様

記載の名義人様のみがご利用いただけます

この度は「オセアニック号船内見学会」にご予約いただきましてありがとうございます。本状が「オセアニック号船内見学会乗船券」となります。当日忘れずにお持ち下さい。

日時：2011年4月19日（火）
受付時間：9:30～16:00
場所：横浜港大さん橋 国際客船ターミナル
交通：みなとみらい線「日本大通り」駅
3番出口より徒歩10分

<当日のご案内>
・本券と身分証明書（運転免許証・健康保険証・パスポート等）を必ずご持参ください。上記の２点がない場合、ご乗船できない場合がございます。
・税関等による手荷物検査が実施される場合がございます。
また、船内への荷物の持ち込みはお手まわり品のみに限らせていただきます。大きなお荷物は駅のコインロッカー等にお預けください。
・当日は、出航準備作業等により一部公開しない箇所・船室がございます。
・見学会はオセアニック号の航海スケジュールにより中止となる場合がございます。スケジュール変更となる場合は下記サイトでお知らせしますので、お手数ですが前日にご確認ください。 http://www.pbcruise.jp/oceanic
・乗船にお手伝いが必要な方は事前にご連絡ください。

JG 株式会社ジャパングレイス

おかえりなさいアチワさん：一問一答

ピースボートの乗船者の声を聞いてみましょう。

アチワ七郎さん。私の車の主治医で古い友人の一人。奥様とご一緒に外国船のクルーズ歴、多数。「家内は、往年はパトカーを振り切りよった」というのが七郎さんの自慢。ピースボートの第69回世界一周クルーズにご夫婦で参加。

私　　　おかえりなさい。どうでした？
七郎さん　いやあ、楽しかった。肩が凝らない気さくなクルーズを堪能してきたよ。
奥様　　うーん、まあね。いろいろな方とお話も弾んで、新しいお友達が一杯できました。

私　　　101日の船旅は、退屈しませんでしたか？
七郎さん　なんの、なんの。毎日いろいろな船内行事があって、それを船内新聞から選ぶだけでもたいへんやった。帰りに太平洋に出てから、もう5日で横浜と聞いてびっくりした。もう横浜かね、と。
奥様　　英会話なんてこれまで無関心だったけど、面白い外国人講師さんもおられて結構楽しみました。

私　　　何か印象に残ったことは？
七郎さん　寄港地ツアーが楽しかったねえ。ボラスタさんがたくさん乗り込んでおられて、みんな英語ができて、もう一つ外国語が話せる人も多く、どこの寄港地ツアーに行っても、必ずボラスタさんが側にいる感じで、個人通訳してくれた。あやしげな日本語を話す外人のボラスタさんもいたけど、最近の若い女の子はすごいね。

69th Peace Boat Global voyage　※本日時差発生・・・本日(19日)24時になりましたら、お手元の時

セブンコンチネンツレストラン（レストランデッキ(6階)中央）
朝食（ビュッフェ）7:00～9:00
昼食（ビュッフェ）11:30～13:30
夕食
(早めのご夕食) レストランカード緑色の方 17:30～（入場締切18:30）
(遅めのご夕食) レストランカード橙色の方 19:30～（入場締切20:30）

サテライトカフェ（プールデッキ(10階)前方）
モーニングコーヒー 6:30～7:00
朝食（ビュッフェ）7:00～9:00
昼食（ビュッフェ）11:30～13:30
午後茶 15:00～16:00
居酒屋 洋上居酒屋「波へい」18:00～翌2:00（ラストオーダー翌1:30）※写真付きの「IDカード」をお持ち下さい。場所：プールデッキ（10階）前方

アンコール遺跡探訪１号車飲会 20:30～22:30 （自）森島通行 ２度目の飲会行います。みんなでこの船旅を語りましょう。
６９愛知県人会 20:30～22:00 （自）河村正信 大勢のご出席をお待ちしています。名簿を配ります。
東北県人会 20:30～22:00 （自）みっちー・おたか・ちひろ たぶん貴重な東北人！！最後に思い切り方言使っちゃいましょ♥
福岡県人会 21:00～22:30 （自）永田 實 福岡県にゆかりのある人集合。
十代飲み② 22:00～23:30 （自）ガーリック この前来れなかった人もぜひ！！十代集合じゃぁ！※アルコールは飲みません。

ブロードウェイショールーム（ラウンジデッキ(8階)前方）
ラウンジデッキ(8階)後方(左舷側)ショーケース 沖縄米軍基地写真展示会 終日 (P)us for OKINAWA 2日間にわたって写真を展示します。あなたにできることがあります・・・。
般若心経をよむ会 8:15～8:40 （自）ナメカワ 映像；心のやすらぎ。皆で経をよむ。経文は用意する。
日本国憲法を歌おう 8:40～8:50 （自）アダッチ この憲法はすごいんです。
ツーショット！ 8:50～9:00 （自）あだっち ツーショット写真をきっかけに知らない人へ話しかけよう。
自主企画発表会準備 9:00~12:00 (P)ピースボート事務局 準備のための時間です。
カンタン手話教室⑭ 12:00～12:30 （自）BY Kyushiro リハもHeat up！ 通訳・解説付 思い出のアルバム変想曲！
ダンスワールド 12:30～13:00 （自）Kiyo ダンス愛好家必見。世界スーパースターラテン。DVDです。
GET卒業式 開場13:50 14:00~15:30 (G)GET ▼詳細は紙面をご覧下さい
多様な人生の選択 ～NGOで生きていく～ 開場 15:45 16:00～17:30 (P)ピースボート事務局 ▼詳細は紙面をご覧下さい。
カラオケ貸し切り 18:00~19:30 (P)ピースボート事務局 夏祭りビンゴの景品です。※関係者以外の立ち入り禁止
海中23000時間の旅 19:45～20:15 （自）カラスマン 美しい海の映像でリラックスしましょう。ダイナミックな生命の鼓動。
2010年「リハーサル」 20:15~23:30 (P)PAチーム
2010年 海の日を取り戻せ！ 開場 23:45 24:00~25:00 (P)PAチーム この瞬間、7月20日が蘇る。▼詳細は紙面をご覧下さい。

スターライトラウンジ（ラウンジデッキ(8階)後方）
Rusk 5:00～6:30 （自）うみ メンバー集合！ライブイベントでたい人もいちおう集まれ
呼吸法５４回目 7:00～7:30 （自）クンジー 22日の発表会に向けて練習中です。
劇団PeaceBoat 8:30～10:00 （自）なか としお 芝居の通しをします。全員集合。
スポーツ・ベリーワークショップ 10:15～10:45 (P) ピースボート事務局
Be the change④ 大きな視点でとらえよう 11:00~12:30 (P)市塚・東 サステナ道場④個人と社会と自然のつながり。▼詳細は紙面をご覧下さい。
シャンソンを楽しむ会 12:30～13:30 （自）タキママ シャンソンを楽しむ会も終りに近づきました。どんなお土産でしたか？
多様な人生の選択 ～企業就職編～ 開場 13:45 14:00～15:30 (P)ピースボート事務局 帰国後、企業に就職したい！と考えている方は必見です!! ▼詳細は紙面をご覧下さい。
劇団PeaceBoat第三回公演リハーサル 16:00～17:30 (P)劇団Peace Boat 第3回公演「ゴジラ」リハーサル。関係者のみ、全員集合。
知っとこ教育シリーズ －Let'see世界の教育事情－ 18:15～19:45 (P) チーム教育 ▼詳細は紙面をご覧下さい。
GET卒業パーティ 開場 20:45 21:00~22:30 (G)GET ▼詳細は紙面をご覧下さい
GET卒業パーティ二次会 22:30~26:00 (G)GET サムがDJします。GETの先生と踊りましょう！
DJナイト 26:00～27:30 （自）今ちゃん GETティーチャーしか分かってもらえんけどそれでも良かばい♪

6:00 / 7:00 / 8:00 / 9:00 / 10:00 / 11:00 / 12:00 / 13:00 / 14:00 / 15:00 / 16:00 / 17:00 / 18:00 / 19:00 / 20:00 / 21:00 / 22:00 / 23:00 / 24:00

パるケ（フリースペース中（ラウンジデッキ(8階)
楽しくハーモニカを吹きましょう 8:50～8:55 （自）佐々木雅子 発表会に向けて練習します。となりました。思い出のアル ど。見学歓迎。
ジャーナリストになりた 集まれ 10:00～11:30 （自）Dave ジャーナリストになるための プロが教えます。
脱デ部☆ 11:30～11:35 （自）ティンク あと2回がんばろ♪
唐辛子ランチ 11:50～12:00 （自）カラスマン 皆で皿を赤く染めてやりまし 唐辛子は用意します集合後1
青空ビール！カンパイ☆ 12:05～12:15 （自）ガイル・こうめ ここまで来たら飲むしかない 集合後、１０階に移動。
English Lunch 12:30～12:40 （自）みほ・MARKS 横浜まで貴重な時間！英語を 境で。集合後１０Fへ。
南京玉すだれ 14:00～15:00 （自）あらさん 南京玉すだれ、発表会に向け しましょう。
スイーツ好き集まれ 15:00～15:10 （自）ひかり 下船後、神奈川・東京のお 巡りする人集まろう！集合後
チェスろう 15:10～15:20 （自）カラスマン チェスは万国共通！ルール で一緒に囲碁スペースへ行こ
聖歌隊 15:20～16:00 （自）影山 集合後ヒーローズバーで練習します。
逗子おいでよ～！！ 18:15～18:30 （自）ポッカの家 まだまだ入れるよお～～～ 海まで5分！！
ウォーターボーイズ 18:30～19:00 （自）うみ ボーイズ集合。
SMAP、TOKIO、kinki、V6、 集まれ 19:00～19:30 （自）アッキー ジャニーズの黄金期。この 一番カッコイイ。集まって
時報 19:58～20:01 （自）しわんご ポッポッポッ・・・８時を します♪
Brentと奇跡の6人 21:45～22:00 （自）魁！ブレント塾生 奇跡の6人よ集え！今宵は 夜のGETだよ。
星座観望会 22:10～22:15 （自）フカちゃん 連続くもり記録更新中 ※雨天・くもり中止
夜のウォーターボーイズ 23:00～23:10 （自）うみ 何をするかはひ・み・つ・集合

オープン時間
●売店（ラウンジデッキ8階前方） 9:00～12:00／14:00～18:00
●美容室（コンチネンタルデッキ7階中央） 10:00～19:00
●マッサージルームあまま（コンチネンタルデッキ7階中央） 9:00～12:00／15:00～19:00
●ラッキースターバー（ラウンジデ
●スターライトバー（ラウンジデッ
●診療室（レストランデッキ6階前

洋上の保育園

7頁で触れたように、オセアニック号はかつてカリブ海海域に就航するに当たり、家族旅行客が多くなることを考慮して、広いキッズルームを新設しました。キッズルームは船の9階、スポーツ・デッキに隣接するキャビン内にあります。保育室の広さは約400平方メートル、さすが、かつてディズニーさんが企画しただけあって広々としており、おまけにルームの3方は海に面したガラス窓で、とても明るい。

マリア・モンテッソーリさん（イタリア初の女性医師、1870～1952）は、子供どうしの学び合いを大切にし、子供の好奇心を刺激して年齢や文化・人種の壁を超えた教育を実践する独特の幼児教育法を編み出しました。ピースボートでは、深津高子さん（国際モンテッソーリ協会元理事）の協力を得て、第66回クルーズでこれを試験的に実施し、確かな感触を得ました。そしてその後も準備を進め、第73回クルーズから正式に実施する運びとなりました。

第74回クルーズは2011年7月19日～10月27日で、ちょうど日本の保育園の夏休みに掛かりますから、この際、お子様の短期保育園留学を兼ねて、クルーズに参加なさいませんか。

ピースボート子供の家
―モンテッソーリ・プログラムに沿う洋上の保育園―

趣　旨	航海中は親がクルーズライフを満喫できるように、子供さんを船内の子供の家にお預かりします。
スタッフ	モンテッソーリ保育士と深津高子さん他
場　所	オセアニック号の9階キッズルーム
開園時間	寄港地に停泊中は休園　それ以外は日曜も開園 毎日9:00～15:30　なお通園バスはありません！
保育料	親と同室利用の未就学児クルーズ料金に含む 未就学児クルーズ代金：第73回15万円 第74回50万円
その他	親はファミリーインサイドのキャビンをお選びください。 大人クルーズ料金：第73回150万円 第74回175万円

知っとこ教育シリーズ ～Let's see 世界の教育事情～

船旅も残すところ一週間となりました。この間、水先案内人の講座、寄港地のツアーや他の参加者の人たちとの交流を通して、学びには様々な形があることに気がついた人も多いでしょう。

学びというのは本来自由で柔軟なものなはず。ある視点からの見方を知るだけではなく、人や情報、多様な考えに触れを通して視野を広げていくきっかけとなるべきです。しかし、時には国という枠組みの中でこの学びが制約をうけ、息苦しいものとなってしまうことがあります。

本日(19日)はデンマークのフォルケホイスコーレとイタリアのユナイテッドワールドカレッジというそれぞれユニークな教育機関で学んだピースボートスタッフ二名の対談を通して、国という制約を超えた学びを紹介します。

■本日(19日)18時15分～
スターライトラウンジ
(ピースボート　畠山澄子)

海話人と ～小川竜也さん～

エンセナーダから横浜まで。この太平洋航路だけピースボートに乗船してきた人がいる。小川竜也(りゅうや)さん(28　横浜市)。飛行機を使わない世界一周の旅に挑戦中で、最後の太平洋横断を完成させるため、ピースボートを利用した。

「飛行機だと世界一周航空券などあって、ほかの国を飛び越してあっという間に一周できる。そんなのはつまらない。自分の足で世界を見たいと思った」。

出発は去年3月5日。大阪から船で上海に渡り、鉄道やバスで中国やベトナム、カンボジアなどを旅した。しかし、中国・雲南省でシャワーボックスの扉が開かなくなり、ガラス窓を手で壊した瞬間、右上腕筋を断裂する大けがをした。飛行機で帰国し、回復してから旅を再開。ポルトガルから船でブラジルへ。アメリカ大陸を下からさかのぼり再びメキシコに戻ってきたという。「この時期太平洋を横断する船はピースボート以外になかった。でも船内生活も体験したかった」。

早速友だちができ、16日のGETの公演などを楽しんだ。

職業は株の投資家。旅行資金も株でかせいだ。帰国後は日本一周してから帰宅するという。ネットのブログ（日記）を更新中で、ヤフーだと「飛行機なし」「竜也」の2語で検索すると出てくる。

（新聞局　青木耕治）

アンニョン？ハングル！ ～韓国ISの韓国語講座～

ISによる韓国語講座第二弾！

韓国語の挨拶の復習をします。読み方も習ってみましょう。これを覚えればどんな韓国語も読めるようになります。また、韓国ISと自由に話す個人レッスン「ハングルタイム」もまだまだやっています。皆さん、是非お越し下さい！

■本日(19日)18時30分～
フリースペース・アゴラ
(韓国IS　ムン・ジョン)

Be the change④ 大きな視点でとらえよう

活発なおしゃべり空間を主とするサステナ道場。第三回の昨日は、消費者個人の行動とその影響を考えました。第四回の本日(19日)は、持続可能な社会に向けて、市民団体や企業などの組織ができることやすべきことを考えましょう。個人よりも大きな変化に携わる方法とは？

■本日（19日）11時～
スターライトラウンジ
(コミュニケーション・コーディネーター
東千恵子・市塚藍子)

地球小学校 夏期講習⑤

今日は「エイズとあなた」。「エイズ」と聞いて、「自分は大丈夫」と思っている人は多いのではないでしょうか。本当に大丈夫と言い切れますか？実は、日本は先進国の中で深刻な感染拡大に陥っています。今日はエイズの基礎知識から、私が訪れたタイのエイズ事情についてお話し、エイズを身近な問題として捉えてもらえたらと思います。

■本日（19日）21時～
パシフィック
(地球小学校　神谷彩乃)

プチ水案

本日(19日)で3日目を迎えるプチ水案は6人のゲストを迎えてお送りします。その中の一人、深野恒子さんには「自然農法」、「自然住宅」の二つのテーマでお話頂きます。自然農法での題名は「大豊作さつまいも話！」。自然住宅では「自然住宅見学会から建てるまでのStory」。そのきっかけは色々な経験や様々は出会いから！お見逃しなく！

■本日(19日)11時30分～
フリースペース・アゴラ
(新聞局　近藤匠)

シリーズ・海の日記念企画
―海の日。太平洋のど真ん中で、自分の真下に広がる世界に思いを馳せよう―

このシリーズは、海を通って世界を旅できる幸せ、海のもたらす恵みに感謝する全6回の企画。

■本日（19日）
①Sea to Summit　サーファーの見た海
（15時～パシフィック）
②海の上の保育園『子どもの家』
フォトシネマ（再）
（16時～フリースペース・アゴラ）
③旅と写真と海の話「ヨットで旅した
フィジー～ツバル」
（16時30分～フリースペース・アゴラ）
④世界の海
（17時00分～フリースペース・アゴラ）
⑤海に思いをはせる映画上映
（開場　20時15分　開演　20時30分
プールデッキ）
⑥水族館のイルカの笑顔の影
※6回目の開催日時は後日の船内新聞にて
ご確認ください。
（コミュニケーション・コーディネーター
東千恵子）

囲碁大会

7月13日より開催している囲碁大会。本日(19日)が決勝戦です。

今クルーズ最後の大会で勝ち残った方は、どなたでしょう？

19時より囲碁スペースにて表彰式を行います。特別賞もありますのでエントリーされた方は、お越し下さい。

（囲碁大会実行委員会）

乗船見学会に訪れた子供たち
モンテッソーリ教具にもう夢中！

ピースボートの航跡（発着日、使用客船、参加者数）

第1回　ピースボート83
1983.9.2～9.14　にっぽん丸　159名

第2回　ピースボート84
1984.9.2～9.17　にっぽん丸　394名

第3回　ピースボート85
1985.8.27～9.15　コーラルプリンセス号　457名

第4回　ピースボート86
1986.8.19～9.5　コーラルプリンセス号　545名

第5回　ピースボート87
1987.8.28～9.18　さんふらわあ7号　599名

第6回　ピースボート・ダブルクルーズ88
北クルーズ　1988.8.18～8.26
アントニーナ・ネジダノーバ号　196名
南クルーズ　1988.8.29～9.19
さんふらわあ7号　486名

第7回　春休み日本一周クルーズ
1989.3.30～4.8　さんふらわあ7号　520名

第8回　ピースボート夏休みクルーズ89
1989.8.6～8.17　コーラルプリンセス号　259名

第9回　「インドシナ」・海南島クルーズ
1989.12.2～12.14　オーシャンパール号　337名

第10回　ピースボート90・地球一周クルーズ
1990.11.1～1991.1.29　オセアノス号　760名

第11回　サハリン・北方四島クルーズ
1991.9.17～9.27　アントニーナ・ネジダノーバ号　116名

第12回　ピースボート91・KOREAクルーズ
1991.10.18～11.2　オリガサドフスカヤ号、サムヂヨン号　312名

第13回　黄金アジア航海
1992.4.20～5.9　ルーシ号　351名

第14回　南洋大航海
1992.12.25～1993.1.13　コーラルプリンセス号　362名

第15回　ジャパンクルーズ
1993.10.7～10.12　新さくら丸　342名

第16回　日本発地球一周の旅
1994.4.28～7.20／6.9～8.31
新さくら丸、ゴールデンオデッセイ号　1398名

第17回　南太平洋の船旅
1995.6.3～6.26　カレリア号　560名

第18回　夏休み地球一周の船旅
1995.6.27～10.13　カレリア号　560名

第19回　ピョンヤンクルーズ
1996.8.8～8.18　万景峰92　248名

第20回　地球一周の船旅
1996.12.18～1997.3.20　アワニドリーム号　555名

第21回　アジア南風クルーズ
1997.7.26～8.17　ミハエル・ショロホフ号　441名

第22回　春風Asianクルーズ
1998.2.26～3.19　新さくら丸　454名

第23回　沖縄クルーズ
1998.6.17～6.21　飛龍　200名

第24回　地球一周の船旅
1998.10.19～1999.1.12　オリビア号　841名

第25回　地球一周の船旅
1999.1.19～4.16　新さくら丸　476名

第26回　北回り地球一周の船旅
1999.10.18～2000.1.15　オリビア号
640名

第27回　南回り地球一周の船旅
2000.1.16～4.14　オリビア号　653名

第28回　地球一周の船旅
2000.5.22～8.21　オリビア号　769名

第29回　アジア未来航海
2000.8.22～8.29／9.5～9.13　万景峰92　203名／74名

第30回　南十字星クルーズ
2000.8.31～10.14　オリビア号　485名

第31回　地球一周の船旅
2000.10.18～2001.1.15　オリビア号　578名

第32回　地球一周の船旅
2001.1.16～5.8　オリビア号、ルーシ号　473名

第33回　地球一周の船旅
2001.5.22～8.26　オリビア号　691名

第34回　夏休み南北コリアクルーズ
2001.8.27～9.8　オリビア号　532名

第35回　地球一周の船旅
2001.9.9～12.23　オリビア号　670名

第36回　地球一周の船旅
2001.12.25～2002.3.31　オリビア号　794名

第37回　地球一周の船旅
2002.5.2～8.14　オリビア号　748名

第38回　夏休みピースボートの船旅
2002.8.15～8.30　オリビア号　574名

第39回　地球一周の船旅
2002.9.1～12.9　オリビア号　577名

第40回　地球一周の船旅
2002.12.10～2003.3.15　オリビア号　650名

第41回　地球一周の船旅
2003.6.14～9.18　トパーズ号　830名

第43回　地球一周の船旅
2003.9.22～12.22　トパーズ号　610名

第44回　地球一周の船旅
2003.12.25～2004.4.1　トパーズ号　645名

第45回　地球一周の船旅
2004.4.4～7.11　トパーズ号　714名

第46回　地球一周の船旅
2004.7.14～10.19　トパーズ号　1007名

第47回　地球一周の船旅
2004.10.22～2005.1.31　トパーズ号　940名

第48回　地球一周の船旅
2005.2.2～5.18　トパーズ号　981名

第49回　地球一周の船旅
2005.5.21～8.31　トパーズ号　1047名

第50回　コリア・ジャパン未来クルーズ
2005.8.13～8.27　ふじ丸　506名

第51回　地球一周の船旅
2005.9.3～12.16　トパーズ号　996名

第52回　地球一周の船旅
2005.12.26～2006.3.30　トパーズ号　897名

第53回　地球一周の船旅
2006.4.5～7.16　トパーズ号　1138名

第54回　地球一周の船旅
2006.7.21～10.30　トパーズ号　881名

第55回　地球一周の船旅
2006.11.2～2007.2.11　トパーズ号　876名

第56回　地球一周の船旅
2007.2.25～6.6　トパーズ号　802名

第57回　PEACE&GREEN BOAT 2006
2006.12.13～12.27　ふじ丸　529名

第58回　地球一周の船旅
2007.6.9～9.20　トパーズ号　1066名

第59回　地球一周の船旅
2007.9.23～2008.1.10　トパーズ号　1009名

第60回　地球一周の船旅
2008.1.12～4.28　トパーズ号　930名

第61回　PEACE&GREEN BOAT 2007
2007.7.15～7.29　ふじ丸　583名

第62回　地球一周の船旅
2008.5.14～9.4　クリッパー・パシフィック号　899名

第63回　地球一周の船旅
2008.9.7～2009.1.13
クリッパー・パシフィック号、モナリザ号　544名

第64回　地球一周の船旅
2009.1.15～4.19　モナリザ号　713名

第65回　PEACE&GREEN BOAT 2008
2008.11.21～11.28　ふじ丸　521名

第66回　地球一周の船旅
2009.4.23～8.12　オセアニック号　694名

第67回　地球一周の船旅
2009.8.27～12.11　オセアニック号　575名

第68回　地球一周の船旅
2009.12.28～2010.4.9　オセアニック号　659名

第69回　海のシルクロードから
2010.4.16～7.25　オセアニック号

第70回　第70回記念クルーズ
2010.8.2～10.20　オセアニック号

第71回　躍動するアジアから地中海へ
2010.10.25～2011.1.18　オセアニック号

第72回　東西文明の十字路を行く
2011.1.23～4.18　オセアニック号

■オセアノス号、新さくら丸、アワニドリーム号、オリビア号、トパーズ号、ふじ丸、モナリザ号の写真を51頁に掲載

【048】Carnival Paradise
70,367tons　260.6×31.4m　2,052／926人　14　Finland

【049】Carnival Pride
88,500tons　293.52×32.2m　2,124／910人　15　Finland

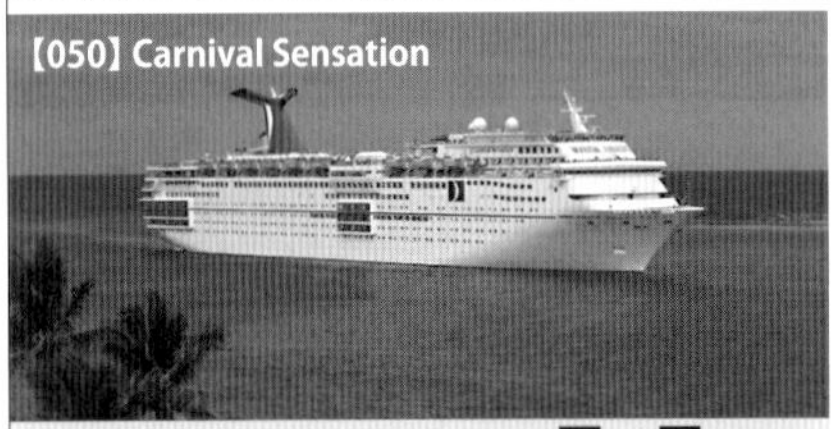
【050】Carnival Sensation
70,367tons　260.6×31.4m　2,052／926人　14　Finland

【051】Carnival Spirit
88,500tons　292.5×32.2m　2,124／910人　15　Finland

【052】Carnival Triumph
101,509tons　272.2×35.4m　2,758／1,090人　18　Italy

【053】Carnival Valor
110,000tons　290.5×35.4m　2,984／1,150人　18　Italy

【054】Carnival Victory
101,509tons　272.2×35.4m　2,758／1,090人　18　Italy

■Celebrity Cruises

ギリシャの海運会社が設立したクルーズ会社で、その流れを汲んで高級感が漂うとリピーターも多い。価格も決して高くないので、品格を気にする日本人向きかも。フランス料理が売り物。船内には落ち着いた雰囲気が漂う、と聞く。

【019】Celebrity Equinox（18頁）

㈱ミキ・ツーリスト（03-5404-8813）

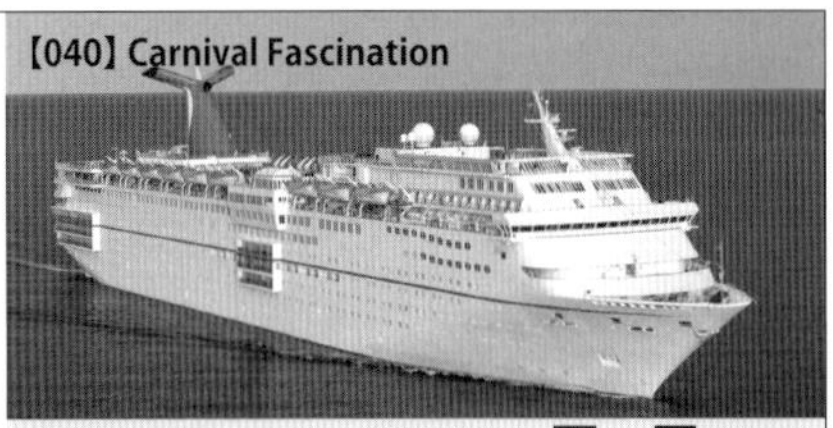
【040】Carnival Fascination
70,367tons　260.6×31.4m　2,052／926人　14　Finland

【041】Carnival Freedom
110,000tons　290.5×35.4m　2,974／1,180人　18　Italy

【042】Carnival Glory
110,000tons　290.5×35.4m　2,974／1,180人　18　Italy

【043】Carnival Imagination
70,367tons　260.6×31.4m　2,056／926人　14　Finland

【044】Carnival Inspiration
70,367tons　260.6×31.4m　2,054／926人　14　Finland

【045】Carnival Legend
88,500tons　293.52×32.2m　2,124／930人　15　Finland

【046】Carnival Liberty
110,000tons　290.5×35.4m　2,976／1,180人　18　Italy

【047】Carnival Miracle
88,500tons　293.52×32.2m　2,124／910人　15　Finland

■Azamara Club Cruises

Azamaraとは、ロマンス語で蒼い海。ロイヤルカリビアン社グループの、行き届いたサービスを売り物にした小型船に特化した個性的なクルーズを目指す。サービス料やハウスワインもオールインクルーシブ。日本近海にも来ることがある。

【018】Azamara Journey（18頁）

㈱ミキ・ツーリスト（03-5404-8813）

【034】Azamara Quest（写真は同型船のAzamara Journey）
30,277tons　180.4×25.4m　694／390人　4　France

■Carnival Cruise Lines

世界最大のクルーズ会社。傘下に10あまりの有力クルーズ会社がある。1960年代にアメリカ人好みの船をカリブ海域に投入して大成功。ファンシップ（楽しい船）を合言葉に、今では米国のクルーズではメジャーな存在に。

【001】Carnival Dream（カバー表）

【002】Carnival Splendor（扉、17頁）

【006】Carnival Magic（2頁）

アンフィトリオン・ジャパン㈱（03-3832-8411）

【035】Carnival Conquest
110,000tons　290.5×35.4m　2,974／1,180人　18　Italy

【036】Carnival Destiny
101,353tons　272.0×35.4m　2,642／1,050人　18　Italy

【037】Carnival Ecstacy
70,367tons　260.6×31.4m　2,056／926人　14　Finland

【038】Carnival Elation
70,367tons　260.6×31.4m　2,056／926人　14　Finland

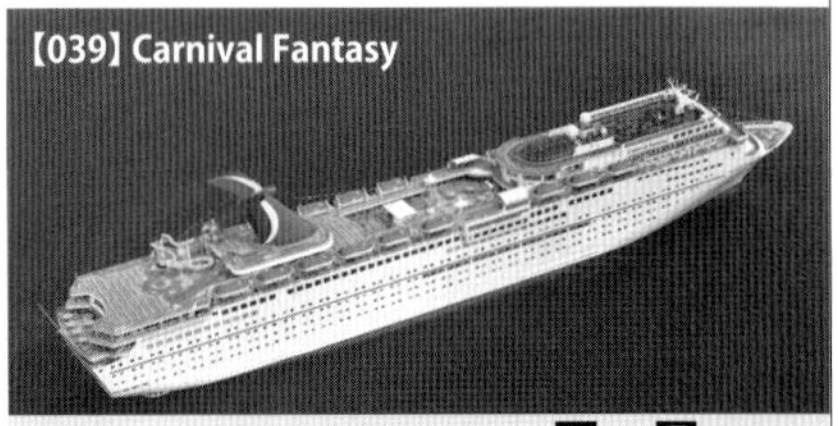
【039】Carnival Fantasy
70,367tons　260×31.4m　2,056／926人　14　Finland

【069】 Costa Atlantica
85,619tons 292.5×32.2m 2,112/897人 12 Finland

【070】 Costa Concordia
114,500tons 290.2×35.5m 3,000/1,100人 14 Italy

【071】 Costa Deliziosa
92,600tons 294.0×32.3m 2,260/921人 12 Italy

【072】 Costa Favolosa
114,500tons 292.2×35.5m 3,000/1,100人 14 Italy

【073】 Costa Fortuna
102,587tons 272.0×35.5m 2,716/1,027人 14 Italy

【074】 Costa Luminosa
92,600tons 294.0×32.3m 2,260/921人 12 Italy

【075】 Costa Magica
102,587tons 272.3×35.50m 2,718/1,027人 14 Italy

【076】 Costa Marina
25,558tons 174.25×25.75m 766/400人 8 Italy

【063】 Celebrity Summit
91,000tons 294.0×32.2m 2,038/999人 10 France

【064】 Celebrity Xpedition
2,842tons 90×14.0m 92/64人 Germany

■Compagnie du Ponant

帆船スタイル（帆は電動操作）の中・小型クルーズ船を運航しており、日本の帆船ファンの間でもよく知られている。英語ができる異邦人にも門戸を開放している、数少ないフランス流クルーズ会社の一つ。

【008】 L'Austral（2頁）
【176】 Le Ponant（カバー裏）
マーキュリートラベル㈱（045-664-4268）

【065】 Le Boreal
10,700tons 142×18m 264/140人 2 Italy

【066】 Le Diamant
8,282tons 124×16m 226/120人 2 Norway

【067】 Le Levant
3,504tons 100.0×14.0m 90/50人 1 France

■Costa Cruises

世界的にメジャーな海運会社のクルーズ部門。イタリア生まれの関係で、イタリア料理が得意。最大の売りは、両親のキャビンに一緒に泊まる18歳未満の子供のクルーズ料金は無料という制度。日本近辺のクルーズも増えているので、要注目。

【014】 Costa Classica（3頁）
㈱オーバーシーズ・トラベル（03-3567-2266）

【068】 Costa Allegra
28,430tons 187.8×25.6m 820/450人 4 Italy

【055】 Celebrity Century
71,545tons 248×32.2m 1,814/858人 9 Germany

【056】 Celebrity Constellation
91,000tons 294.0×32.2m 2,038/999人 10 France

【057】 Celebrity Eclipse
122,000tons 314×36m 2,850/1,253人 12 Germany

【058】 Celebrity Infinity
91,000tons 294.0×32.2m 2,038/999人 10 France

【059】 Celebrity Mercury
※2010年度で就航を終了
77,713tons 263.9×32.2m 1,870/909人 10 Germany

【060】 Celebrity Millennium
91,000tons 294.0×32.2m 2,038/999人 10 France

【061】 Celebrity Silhouette（写真は同型船のCelebrity Solstice）
122,000tons 314×36m 2,850/1,250人 12 Germany

【062】 Celebrity Solstice
122,000tons 314×36m 2,850/1,253人 12 Germany

【089】Maasdam

55,575tons 219.30×30.80m 1,258／580人 8 Italy

【090】Nieuw Amsterdam

86,700tons 285.0×32.2m 2,106／929人 14 Italy

【091】Noordam

82,318tons 285.0×32.25m 1,918／800人 14 Italy

【092】Oosterdam

82,305tons 285.0×32.25m 1,918／817人 14 Italy

【093】Prinsendam

38,100tons 205.5×28.0m 835／470人 4 Finland

【094】Rotterdam

59,885tons 237.00×32.25m 1,404／600人 12 Italy

【095】Ryndam

55,819tons 219.3×30.8m 1,260／580人 8 Italy

【096】Statendam

55,819tons 219.3×30.8m 1,260／580人 8 Italy

【083】Queen Mary 2

148,528tons 345.03×41.00m 2,620／1,254人 22 France

【084】Queen Victoria

90,049tons 294.0×32.3m 2,014／1,001人 12 Italy

■DFDS Seaways

1866年創業の大海運会社グループのドライブ&クルーズ事業部門を担う会社。デンマーク、スウェーデン、ノルウェー、オランダ、英国、その他ヨーロッパ間を結ぶフェリー兼クルーズ航路を運航している。

【004】Pearl Seaways（2頁）

ネットトラベルサービス（03-3663-6804）

■Disney Cruise Line

お馴染みのあのディズニー社が直接運営する新進のクルーズ会社。日本にクルーズ代理店を置かず、陸上のディズニーワールドと合わせ独自に市場開拓を始めている。

郵船トラベル㈱（03-5213-9987）

【085】Disney Dream

124,000tons 333.00×37.00m 4,000／1,458人 14 Germany

【086】Disney Magic

83,338tons 294.00×32.22m 1,750／945人 12 Italy

【087】Disney Wonder

83,308tons 294×32.25m 1,750／945人 12 Italy

■Holland America Line

かつてはオランダ-アメリカ間の定期航路があった関係で、船名にもオランダの地名を取ったものが多い。植民地だったジャカルタ（インドネシア）に乗組員養成学校があり、レストランや客室のサービスには定評がある。中・小型船によるバハマ諸島へのクルーズは高い評価を得ている。

【023】Eurodam（18頁）

㈱オーバーシーズ・トラベル（03-3567-2266）

【088】Amsterdam

62,735tons 238.00×32.25m 1,380／615人 12 Italy

【077】Costa Mediterranea

85,700tons 292.5×32.2m 2,112／920人 12 Finland

【078】Costa Pacifica

114,500tons 290.0×35.5m 3,012／1,110人 14 Italy

【079】Costa Romantica

53,049tons 220.61×30.89m 1,356／610人 8 Italy

【080】Costa Serena

114,147tons 290.2×35.5m 3,000／1,090人 14 Italy

【081】Costa Victoria

75,200tons 251.00×32.25m 1,928／800人 12 Germany

■Crystal Cruises

1988年に日本郵船がアメリカに設立した。今は外国人で経営しているが、日本人向き要素を残す。中型クルーズ船ながら品格を重視。ダグラス・ワードさんは5つ星を付けている。外国人にとっては船内の内装や食事がオリエンタル趣向なのが珍しいかもしれない。2隻ながら就航海域は広い。

【020】Crystal Serenity（18頁）

郵船クルーズ㈱（045-640-5351）

【082】Crystal Symphony

51,044tons 238×30.2m 922／566人 8 Finland

■Cunard Line

かつては英国王室の大西洋郵便輸送にあたったこともある、英国というより世界のクルーズ界の象徴的存在。今はカーニバル・グループの傘下にある。いまだに居住区の「等級制」を維持しているなど、高い格式と最高水準のサービスを提供している。

【021】Queen Elizabeth（18頁）

㈱クルーズバケーション（03-3573-3601）

■Nomade Yachting Bora Bora

仏領ポリネシアを中心に、どちらかと言うとチャーター便を得意とするメガヨット級のクルーズを提供する会社。

【012】Tu Moana（3頁）

㈱オーシャンドリーム（042-773-4037）

■Norwegian Cruise Line

米国マイアミに拠点を置く、1966年設立の歴史あるクルーズ会社。最新鋭のフリートをそろえ、誰でも気軽に参加できる「フリースタイルクルージング」を提唱している。

【026】Norwegian Jewel（18頁）

スタークルーズ 日本オフィス（03-6403-5188）

【110】Norwegian Dawn

92,250tons 294.1×32.0m 2,224／1,066人 12

【111】Norwegian Epic

155,873tons 329.5×40.5m 4,100／1,708人 16

【112】Norwegian Gem

93,530tons 294.1×32.0m 2,394／1,092人 12

【113】Norwegian Jade

93,558tons 294.1×32.0m 2,402／1,075人 12

【114】Norwegian Pearl

93,530tons 294.1×32.0m 2,394／1,084人 12

【115】Norwegian Sky

77,104tons 259.1×32.0m 2,002／917人 12

■MSC Cruises

MSCとは地中海船会社の略。世界第2の海運会社のクルーズ部門。地中海料理と、客室のシーツは2日毎に、バスローブは毎日交換し、乗組員の清潔な服装も有名。それに何よりも、両親と同室の18歳以下の子供のクルーズ料金が無料。

【013】MSC Splendida（3頁）

【016】MSC Armonia（10頁）

【017】MSC Lirica（11頁）

【031】MSC Melody（18頁）

㈱MSCクルーズジャパン（03-5405-9211）

【103】MSC Fantasia

133,500tons 333.3×37.9m 3,274／1,325人 14 France

【104】MSC Magnifica

92,409tons 293.8×32.2m 2,518／987人 13 France

【105】MSC Musica

92,409tons 293.8×32.2m 2,550／987人 13 France

【106】MSC Opera

59,058tons 256.25×28.8m 1,756／701人 9 France

【107】MSC Orchestra

92,409tons 293.8×32.2m 2,550／987人 13 France

【108】MSC Poesia

92,490tons 293.8×32.2m 2,550／987人 13 Italy

【109】MSC Sinfonia

58,600tons 251.0×28.8m 1,566／710人 9 France

【097】Veendam

57,092tons 219.3×30.8m 1,350／580人 8 Italy

【098】Volendam

61,214tons 238.00×32.25m 1,432／615人 12 Italy

【099】Westerdam

82,348tons 285.0×32.2m 1,916／817人 14 Italy

【100】Zaandam

61,396tons 238.00×32.25m 1,432／615人 12 Italy

【101】Zuiderdam

82,305tons 285.00×32.25m 1,916／817人 14 Italy

■Hurtigruten

ノルウェー生まれの沿岸急行船。ノルウェーの沿岸を往復する定期航路や北極圏、グリーンランドや南極圏を運航する、アドベンチャー・クルーズなどがある。主に極地を航行するフラム号などは居住性も改善。トロルフィヨルド号などのノルウェー沿岸航路は、年間を通して人気が高い。

【024】Fram（18頁）

フッティルーテン・ジャパン（03-3663-6802）

【102】Trollfjord

16,140tons 135.75×21.5m 822／_人 Norway

■Louis Cruise Lines

エーゲ海で生まれたクルーズ会社で、ギリシャからエジプトにかけての、この本では南地中海と呼んでいる海域に中・小型船を配している。

【025】Louis Majesty（18頁）

マーキュリートラベル㈱（045-664-4268）

【129】Golden Princess

108,865tons 290.0×36.0m 2,624/1,100人 14 Italy

【130】Grand Princess

108,806tons 290.0×36.0m 2,600/1,100人 14 Italy

【131】Island Princess

91,627tons 294.0×32.2m 1,974/900人 14 France

【132】Ocean Princess

30,277tons 181.0×25.5m 688/373人 4 France

【133】Pacific Princess

30,277tons 181.0×25.5m 688/373人 4 France

【134】Royal Princess

30,277tons 180.45×25.46m 710/300人 4 France

【135】Sapphire Princess

115,875tons 290.00×37.50m 2,674/1,238人 14 Japan

【136】Sea Princess

77,690tons 261.3×32.2m 2,016/850人 11 Italy

■Paul Gauguin Cruises

タヒチやボラボラのある南太平洋専科の小型クルーズ船運航会社。英語でのサービスを提供している、数少ないフランス系の会社。チップもアルコール類もインクルーシブ。日本からのハネムーナーも多い。

【027】Paul Gauguin（18頁）

㈱クルーズバケーション（03-3573-3601）

■Princess Cruises

エレガントとカジュアルがうまくミックスされていて、高品質のクルーズ船として推薦する人も。世界中の各海域に就航しており、日本に寄港するクルーズもある。それに、日本のクルーズ代理店の応対までエレガント。

【003】Ruby Princess（2頁）

㈱クルーズバケーション（03-3573-3601）

【123】Caribbean Princess

112,894tons 290.0×36.0m 3,114/1,163人 14 Italy

【124】Coral Princess

91,627tons 294.0×32.2m 1,974/900人 14 France

【125】Crown Princess

116,000tons 290.0×36.0m 3,114/1,163人 14 Italy

【126】Dawn Princess

77,499tons 261.3×32.2m 1,950/900人 11 Italy

【127】Diamond Princess

115,875tons 290.00×37.50m 2,674/1,238人 14 Japan

【128】Emerald Princess

113,561tons 290.0×36.0m 3,114/1,200人 14 Italy

【116】Norwegian Spirit

75,338tons 268.2×32.0m 2,018/949人 9

【117】Norwegian Star

91,740tons 294.1×32.0m 2,348/1,065人 12

【118】Norwegian Sun

78,309tons 259.9×32.0m 1,936/916人 12

【119】Pride of America

80,439tons 280.4×32.1m 2,138/946人 10

■Oceania Cruises

多くのキャビンにチーク材を豊富に使ったバルコニーを付けたり、豪華なペントハウスもあり、中・小型船ながら、高級感のあるクルーズにこだわっている。ダイニングルームは完全フリーシーティング制。サブ・レストランも全て無料。ドレスコードはフォーマル不要のカジュアルのみ。

【010】Insignia（3頁）

㈱ティーアンドティー（03-6794-1320）

【120】Marina

65,000tons 238.4×32.0m 1,260/800人 6 Italy

【121】Nautica

30,277tons 181.0×25.5m 684/386人 4 France

【122】Regatta

30,277tons 181.0×25.5m 684/386人 4 France

【151】Majesty of the Seas

73,941tons 268.2×32.3m 2,380／827人 11 France

【152】Mariner of the Seas

138,000tons 310×48m 3,114／1,181人 14 Finland

【153】Monarch of the Seas

73,941tons 268.2×32.3m 2,384／858人 11 France

【154】Navigator of the Seas

138,000tons 310×48m 3,114／1,181人 14 Finland

【155】Radiance of the Seas

90,090tons 293.2×32.2m 2,112／859人 9 Germany

【156】Rhapsody of the Seas

78,491tons 278×32.2m 2,000／765人 9 France

【157】Serenade of the Seas

90,090tons 293.2×32.2m 2,112／859人 9 Germany

【158】Splendour of the Seas

70,000ton 264.2×32.0m 1,804／723人 11 France

【143】Enchantment of the Seas

81,500tons 301.8×32.2m 2,252／840人 9 Finland

【144】Explorer of the Seas

138,000tons 310×48m 3,114／1,181人 14 Finland

【145】Freedom of the Seas

160,000tons 338×56m 3,634／1,360人 14 Finland

【146】Grandeur of the Seas

74,137tons 279.6×32.2m 1,950／760人 9 Finland

【147】Independence of the Seas(写真は同型船のFreedom of the Seas)

160,000tons 338×56m 3,634／1,360人 14 Finland

【148】Jewel of the Seas

90,090tons 293.2×32.2m 2,112／859人 9 Germany

【149】Legend of the Seas

70,000tons 264.2×32.0m 1,804／723人 11 France

【150】Liberty of the Seas

160,000tons 338×56m 3,634／1,360人 14 Finland

【137】Star Princess

108,977tons 290.0×36.0m 2,602／1,200人 14 Italy

■Regent Seven Seas Cruises

中型船ながら、ラグジュアリークラスのクルーズ会社。チップも飲み物も寄港地観光もオールインクルーシブ。ほとんどの客室がバルコニー付き。乗客3名に乗組員2名の割合で、小型船並みのパーソナルタッチのサービスが売り物。

【007】Seven Seas Voyager(2頁)

㈱PTSリージェントオフィス(03-6228-6516)

【138】Seven Seas Mariner

48,015tons 217.3×29.0m 708／445人 6 France

【139】Seven Seas Navigator

28,550tons 170.6×21.8m 490／325人 5 Italy

■Royal Caribbean International

世界最大のクルーズ船を持つのが自慢。パナマ運河も通過できない超大型豪華客船をたくさんカリブ海に投入。船上でアイススケートやロッククライミング、サーフィンができるなど、絶えず話題を提供し、大きいことは良いことだ、でアメリカの若者の心をつかんだ。

【009】Oasis of the Seas(3頁)

㈱ミキ・ツーリスト(03-5404-8813)

【140】Adventure of the Seas

137,276tons 331.1×47.4m 3,114／1,185人 14 Finland

【141】Allure of the Seas

225,282tons 360.0×64.0m 5,400／2,165人 24 Finland

【142】Brilliance of the Seas

90,090tons 293.2×32.2m 2,112／859人 9 Germany

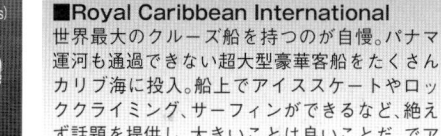

【171】SuperStar Libra

42,285tons　216.3×32.6m　1,472／__人　6

■Tallink Silja

バルト海を中心に活躍する会社で、国際フェリー船をクルーズ船並みの居住性に改善しつつある。このドライブ＆クルーズ方式は帰・発港に広大な駐車場が必要なパーク＆クルーズ方式に対抗するものとして、食事やエンタテインメントも充実しており、今後ヨーロッパ全域での急成長が期待されている。

【030】Silja Symphony（18頁）

ネットトラベルサービス（03-3663-6804）

【172】Silja Europa

59,912tons　202×32m　3,013／約500人　Germany

【173】Baltic Queen

48,300tons　212×29m　2,800／約350人　Finland

【174】Baltic Princess

48,300tons　212×29m　2,800／約500人　Finland

■Travel Dynamics International

南極、アマゾン、五大湖、エーゲ海などの狭い海域にも入り込めるメガヨット級のクルーズ船を運航している。エコ／エデュケーショナル（米国著名大学同窓会やスミソニアン博物館とのタイアップ企画）クルーズの業界最大手でもある。

【022】Corinthian Ⅱ（18頁）

㈱オーシャンドリーム（042-773-4037）

【175】Callisto

500tons　51×8.3m　34／17人　Germany

■Japan Grace（ピースボート）

早稲田大学の学生だった吉岡達也（現ピースボート共同代表）や辻元清美（現国会議員）らが立ち上げた、海外の若者同士の交流を図るクルーズが出発点。それから回を重ねて、70回を超える地球一周の船旅が現在も続いている。

【033】Oceanic（51頁）

■Silversea Cruises

最高級の品位と品格を兼ね備えた、中・小型船を運航しているクルーズ会社。異邦人の自分が参加したことで船内の雰囲気がどう変わるかぐらいまで、よく考える必要があるかも。クルーズ料金を払えばいいのでしょう、という感覚では、惨めな思いをするだけです。

【011】Silver Spirit（3頁）

インターナショナル・クルーズ・マーケティング㈱（03-5405-9213）

【165】Prince Albert Ⅱ

6,072tons　108.2×15.6m　132／111人　2　Finland

【166】Silver Cloud

16,927tons　155.8×21.4m　296／210人　4　Italy

【167】Silver Shadow

28,258tons　186.0×24.8m　388／295人　5　Italy

【168】Silver Whisper

28,258tons　186.0×24.8m　388／295人　5　Italy

【169】Silver Wind

16,927tons　155.8×21.4m　296／197人　4　Italy

■Star Cruises

日本語サービスとアジアンホスピタリティが強みのクルーズ会社。日本の大手旅行会社からパッケージ商品が多数販売されている。誰でも気軽に参加できる「フリースタイルクルージング」を提唱。海外クルーズ初心者向き。

【029】SuperStar Virgo（18頁）

スタークルーズ日本オフィス（03-6403-5188）

【170】SuperStar Aquarius

51,039tons　229.8×28.5m　1,529／__人　10

【159】Vision of the Seas

78,491tons　278×32.2m　2,000／765人　9　France

【160】Voyager of the Seas

138,000tons　310×48m　3,114／1,181人　14　Finland

■Seabourn Cruise Line

小型船ながら、ラグジュアリークラスを維持している。小型船の機動力を生かして、狭い水路や奥まった港にも寄港できる。アルコール類もチップもクルーズ料金に含まれるオールインクルーシブ制を採用。

【005】Seabourn Pride（2頁）

【015】Seabourn Spirit（10頁）

㈱パシフィックリゾート（03-3544-5505）

【161】Seabourn Legend

10,000tons　132×18.9m　208／164人　3　Germany

【162】Seabourn Odyssey

32,000tons　198×25.2m　450／330人　6　Italy

【163】Seabourn Quest

32,000tons　198×25.6m　450／330人　6　Italy

【164】Seabourn Sojourn

32,000tons　195×25.2m　450／330人　6　Italy

■SeaDream Yacht Club

大型クルーズ船のような肩苦しさのない、あくまでカジュアルさを強調しているが、乗客数110人に対してクルー89人という数字が示すように、船内生活では、やはりある程度の品位、品格が必要となるだろう。

【028】SeaDream Ⅱ（18頁）

マーキュリートラベル㈱（045-664-4268）

海の船旅に関する雑誌記事など

雑誌名	出版社	発行	船社ほか	種別	エリア	タイトル	頁数	所蔵
Sea Dream 11	舵社	2010.6	アラヌイ3	貨客船	マルケサス諸島	貨客船アラヌイ3で巡る仏領ポリネシアマルケサス諸島の旅　美の島へ	20	?
Boat Club	舵社	2000.12	Glacier Bay	エコ	アラスカ	アラスカ・グレイシャーベイ	5	○
Sea Dream 3	舵社	2006.6	Cruise West	エコ	中米	パナマ～コスタリカ巡航の旅(巻頭特集)	26	○
AZUR	東京ニュース通信社	2010.12	Polar Quest	エコ	スバルバル諸島	極圏の島自然の精緻	7	?
Sea Dream 7	舵社	2008.6	Travel Dynamics	小型高級船	南ア	豊穣と混沌を覗う、南アフリカを巡る船旅	18	×
AZUR	東京ニュース通信社	2010.12	Travel Dynamics	小型高級船	地中海	コリンシアンⅡの地中海クルーズで五感を刺激する音楽の旅	3	?
FRaU	講談社	2004.8		メガヨット	エーゲ海	添乗員大前研一のプレミアムツアーガイド(エーゲ海)	2	○
Sea Dream 2	舵社	2005.12	Aegean Princess	メガヨット	エーゲ海	オデッセイアの海へ(巻頭特集)	30	○
クルーズ	海事プレス社	2004.7	Bora Bora Cruises	メガヨット	ボラボラ	超大物セレブもこっそりチャーター	1	×
クルーズ	海事プレス社	2005.3	Bora Bora Cruises	メガヨット	ボラボラ	心も体もあたたまる楽園クルージングタヒチ(表紙、巻頭特集)	11	×
サファリ	日之出出版	2005.4	Bora Bora Cruises	メガヨット	ボラボラ	大人を虜にするラグジュアリーホテル(タヒチ)	1/3	○
Sea Dream 1	舵社	2005.6	Bora Bora Cruises	メガヨット	ボラボラ	美しき南洋の極上(タヒチ)(表紙、巻頭特集)	25	○
婦人画報	婦人画報社	2005.7	Bora Bora Cruises	メガヨット	ボラボラ	これぞ最高峰！スパリゾートと船の旅	1/3	○
日経おとなのOFF	日経BP社	2006.1	Bora Bora Cruises	メガヨット	ボラボラ	タヒチで過ごす至福の1週間	10	○
東京カレンダー	アクセスパブリッシング	2006.1	Bora Bora Cruises	メガヨット	ボラボラ	Dream In Travel タヒチ特集(22頁)	1/2	○
船の旅	東京ニュース通信社	2006.4	Bora Bora Cruises	メガヨット	ボラボラ	作家松本侑子タヒチを航く(表紙、巻頭特集)	14	○
青春文庫	青春出版社	2006.4.20	Bora Bora Cruises	メガヨット	ボラボラ	人生を変えた10日間“ボラボラ島クルーズの予期せぬ出会い”米山公啓著	199	×
Sea Dream 3	舵社	2006.6	Bora Bora Cruises	メガヨット	ボラボラ	ボラボラ感傷航海記	5	○
SEVEN SEAS	インターナショナルラグジュアリーメディア	2006.1	Bora Bora Cruises	メガヨット	ボラボラ	南洋で味わう人生の媚薬的クルーズ	1	○
DEPARTURES	アメリカンエキスプレスインターナショナル	2006.12	Bora Bora Cruises	メガヨット	ボラボラ	ボラボラ島でヴァカンス(8頁+表紙)	2	×
SEVEN SEAS	インターナショナルラグジュアリーメディア	2007.4	Bora Bora Cruises	メガヨット	ボラボラ	クルーズ特集(30頁のうち8頁)	8	○
グラマラス	講談社	2007.5	Bora Bora Cruises	メガヨット	ボラボラ	タヒチ特集(船上撮影6頁、ジェシカのボラボラ日記1頁)	7	×
Z	龍宮社出版	2007.8	Bora Bora Cruises	メガヨット	ボラボラ	タヒチ極上の船時間(11頁のうち5頁)	6	×
クラブコンシェルジュ 15	クラブコンシェルジュ	2008.10.25	Bora Bora Cruises	メガヨット	ボラボラ	タヒチという奇跡(28頁のうち8頁)	8	×
クラブコンシェルジュ	クラブコンシェルジュ	2009春総合版	Bora Bora Cruises	メガヨット	ボラボラ	ツアー紹介	1/2	×
25ansウエディング	アシェット婦人画報社	2009夏	Bora Bora Cruises	メガヨット	ボラボラ	サンセットクルーズ	1/4	×
クラブコンシェルジュ	クラブコンシェルジュ	2010総合版	Bora Bora Cruises	メガヨット	ボラボラ	ラグジュアリーなヨットで楽園・タヒチのラグーンを巡るクルーズ(チャーター)	1/2	×
Cruising World	舵社	1992.8	Sunsail	ヨット	セントマーチン	カリブの実力 セントマーチンで味わう本物のヨット・バケーション	14	×
Cruising World	舵社	1993.1	Sunsail	ヨット	バージン諸島	バージン美しき誘惑	8	×
Cruising World	舵社	1994.3	Sunsail	ヨット	プーケット	魅惑のプーケット	14	×
Cruising World	舵社	1994.6	Sunsail	ヨット	エーゲ海	エーゲ海の光と影 ミコノスとデロス	6	×
KAZI	舵社	1994.12	Sunsail	ヨット	セントマーチン	チャーターヨットでカリブ海のレースを満喫	6	○
KAZI	舵社	1996.3	Sunsail	ヨット	アンティグア	ワンダフルチャータリング さあチャーターヨットでカリブ海に行ってみよう	6	○
KAZI	舵社	1997.3	Sunsail	ヨット	プーケット	プーケット・キングスカップ・レガッタ	6	○
KAZI	舵社	2001.8	Voyage Charter	ヨット	バージン諸島	奥様、カリブへ行く	8	○
KAZI	舵社	2005.1	Sunsail	ヨット	プーケット	プーケット、水の恵みを感じる旅	8	○
Sea Dream 6	舵社	2007.12.24	Sunsail	ヨット	バージン諸島	チャーターヨットで航くカリブ海	24	×
KAZI	舵社	2008.8	Sunsail	ヨット	アドリア海	極め付きの五つ星、クロアチアの海へ	6	○
Sea Dream 8	舵社	2008.11	Sunsail	ヨット	アドリア海	クロアチアの美しき海岸線を巡る旅	22	×
KAZI	舵社	2010.10	Sunsail	ヨット	イオニア海	作家鈴木光司がチャーターヨットで巡る神話の海	18	?
Sea Dream 12	舵社	2011.1	Sunsail	ヨット	イオニア海	イオニア海への招待　青と緑織りなす優しき内海の島々	10	?
地球の歩き方クロアチア	ダイヤモンド社	2009.9	Sunsail	ヨット	アドリア海	チャーターヨットを操船して、島巡りのバカンス	2	?

雑誌の図書館

雑誌の図書館が、東京にあります。時折ＴＶで拝見する大宅映子さんのお父さんで、マスコミのご意見番だった大宅壮一さんが遺されたものです。ほんのわずかの料金で誰でも入館利用できます。

上に示した貴重なリストは、オーシャンドリームの堅田社長がボランティアで作成しておられるものの一部を転載させていただきました。表の右端に○が付いていれば、大宅壮一文庫に所蔵されています。×は所蔵なし、?は未確認です。雑誌を閲覧されたい場合は、事前に電話でお問い合わせください。

日本に限らず、外国でも、多くの方の奉仕とも思えるこのようなご協力で、クルーズの世界は育まれています。

大宅壮一文庫
(http://www.oya-bunko.or.jp/)
〔電話〕03-3303-2000

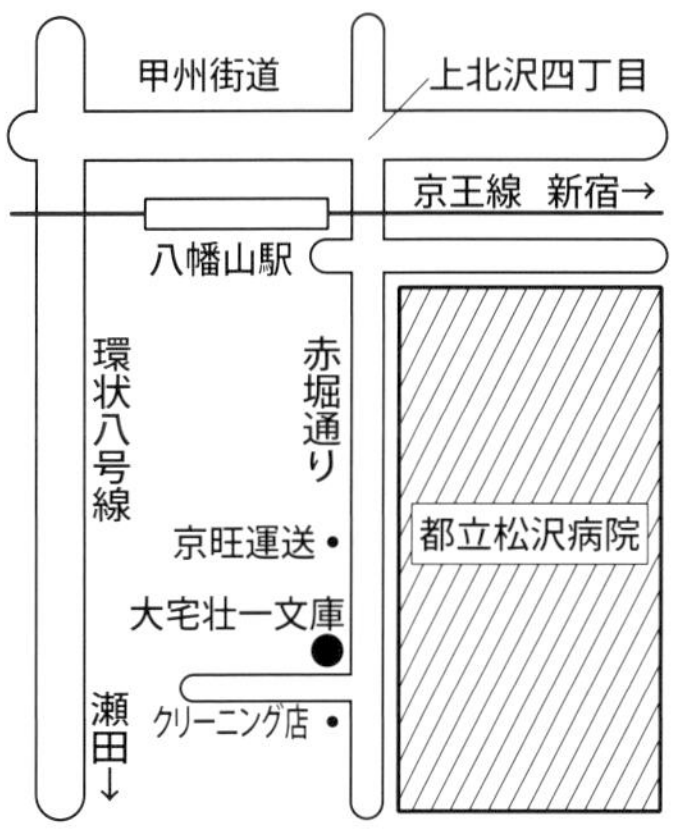

ACKNOWLEDGMENT
著者よりの謝辞

この本は、次のTeam 8メンバーのご協力により執筆することができました。
ここに改めて厚くお礼を申し上げるとともに、
世界の各種船旅を紹介する続編での、変わらぬご支援をお願いいたします。

Veronica 堅田	世界の希少船情報
Stuwart Gordon	在英国、英語表現アドバイス
尾崎岳史	ヨーロッパの山岳・河川地図
伊藤　誠	写真データの処理・管理
山口　学	大連外国語学院、中国船旅事情
鍋潤太郎	在米国、映像アドバイス他
joana montero	Team Leader、渉外

[著者紹介]

渡邊 八郎(わたなべ はちろう)

1935年、母に連れられて神戸〜カルカッタ(インド)間を初クルーズして以来、
今日まで、海外クルーズ(含む国際フェリー)の乗船経験は80回を超える。
1947年より3年間、須田剋太画伯の指導を受ける(辰馬育英会 甲陽学院)
1997年、日本語教育指導者養成コース(上級)修了(徳島大学 社会人教育)
現在、名古屋絵手紙教室会員(指導・中三川真智子)
入選歴はないが、選者に見る目がないためと楽観視し、応募を続けている。

DTP・カバーデザイン／正村史郎・松崎祐子(株式会社ホワイトメディア)
DVDオーサリング／アークベル株式会社

ISBN978-4-303-64000-2
華麗なるクルージング 海の船旅

2011年6月14日　初版発行

著　者　渡邊八郎　　検印省略
発行者　岡田節夫
発行所　海文堂出版株式会社
本社　東京都文京区水道2-5-4(〒112-0005)
電話 03(3815)3292　FAX 03(3815)3953
http://www.kaibundo.jp/
支社　神戸市中央区元町通3-5-10(〒650-0022)
日本書籍出版協会会員・工学書協会会員・自然科学書協会会員

PRINTED IN JAPAN　　印刷　ディグ／製本　小野寺製本

二つの海文堂

私が中学受験した1947年ころ、大阪市内は別として、阪神間で参考書を売っている書店は、御影の宝盛館か神戸・元町の海文堂しかありませんでした。何かの縁で、私のこの本は、元々は一つの会社だった東京の海文堂出版が発行して、神戸の海文堂書店で（もちろん全国の書店でも）販売する、という形になりました。

海文堂書店は今も変わらず元町商店街にあります。1階は普通のメガ書店ですが、2階には海関連のグッズが販売されているほか、3軒の古本屋さんが入っているという、珍しい構成になっています。2階に並ぶグッズのなかで、私がとくに気に入ったのは、高橋健一さんの筆による船の絵ハガキです。全部で200点を優に超えるなかから、ここでは41頁で触れたザ・ワールド号の絵はがきを紹介しましょう。

ところで、海文堂書店の真向かいに、コウベサコムという、海外で使える電化製品を扱っている、個性的な店があります。海外では、各クルーズ船や各国によって、電圧だけでなくコンセントの形状がまったく異なります。船のキャビンで、さあデジカメやケータイの充電をしようというときになって悲鳴をあげることがないように、世界中のあらゆるコンセントに対応した変換アダプターを持っていると便利なのですが、そんなセットもここでは買えます（RW-75型、2360円＋税）。

海文堂書店2階「港町グッズコーナー」

私の選んだ海文堂出版発行5冊の本

柳原良平の「船・12カ月」　柳原良平著、1200円＋税。お子さんにプレゼントして、誕生日ごとに1ページずつ塗り絵を完成していくと、12年後には家族の宝物に。

親子で作るボトルシップ　岡田重三著、1200円＋税。机上で仮組みしてから、ビンの中で組み立てるのがこつ。最初は手の入る梅酒用ボトルなどから始めるのも一法。

図解新・ロープの結び方　杉浦昭典著、1000円＋税。一般の生活でも知っておくと何かと便利。これを知らずに、英国・水路の船旅をするのは危険です。

船舶信号　杉浦昭典・中畑耕作著、1800円＋税。沈みゆく英戦艦プリンス・オブ・ウェールズの後ろを、日本海軍第2次攻撃機隊は魚雷を発射せずにバンクして低空を通過した。その意味は…。

海父・濱田国太郎　村上貢著、1600円＋税。瀬戸内の小島に生まれた明治男は海員組合第2代組合長として国内外で活躍、晩年は雷声寺の住職を務めた。

船の絵ハガキのリスト（一部）

AUGUSTUS／CANBERRA／COLUMBUS／CRYSTAL HARMONY／DIAMOND PRINCESS／ILE DE FRANCE／IMPERATOR／NORMANDIE／Olympic／ORIANA／QUEEN MARY／REX／Seven Seas Mariner／STELLA POLARIS／THE WORLD／TITANIC／明石海峡を通過するルミナス神戸2／安芸灘を航行する銀河／あさかぜ丸／あさしお丸／あさなぎ丸／飛鳥Ⅱ／うすりい丸／えびの／おおさかエクスプレス／神高丸／銀河／くいーんふらわあ2／空母赤城／駆逐艦秋月／グリーンエース／神戸港を出港するにっぽん丸／高麗丸／こくどう丸／こんぴら2／サグレス／巡洋戦艦金剛／しらゆり丸／しわく1／進徳丸／進徳丸と春洋丸／須磨沖を航行する客船群／戦艦長門／戦艦大和／第二図南丸／剛邦丸／小さな港の朝焼け／照国丸／日精丸／にっぽん丸／ねっか丸／ぱしふぃっくびいなす／ぱなま丸（年賀状）／はやとも丸／播磨灘を航行するカーフェリー／はわい丸／日枝丸／ひかり丸／フェリーさざん／フェリーはりま／奮戦する雪風／まや丸／まりーんふらわあ2／りつりん2／ルミナス神戸／ルミナス神戸2／レインボー2（一枚158円）色鉛筆と黒墨、水性エマルジョンを巧みに駆使して描かれている。

神戸港に寄港する The World 号（画：高橋健一）

書店の真向かいにあるコウベサコム
（フリーダイヤル 0120-540-356）

古本屋の看板

神戸・元町商店街の海文堂書店

まんぼう情報

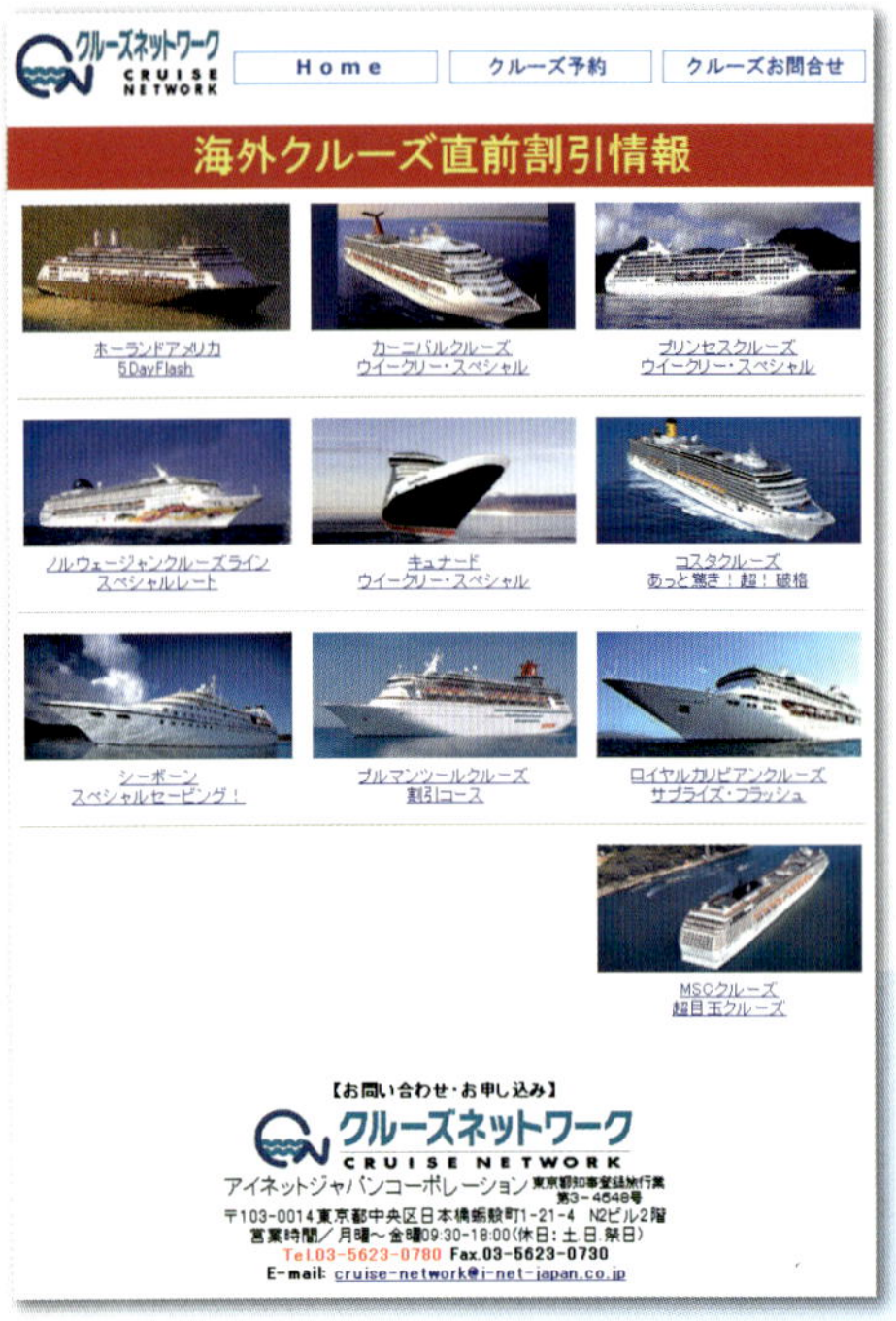

海外の各クルーズ会社または代理店は、各クルーズの出港が近づいてもまだキャビンが売れ残っていると、早割りなどよりもさらに割安の価格を提示して、何としても船を満席にして出港します。オフシーズンには、DVDで紹介しているメキシカン・リビエラの1週間クルーズが、早割り399ドルのなんと半額200ドルでホームページに出ていたこともあります。もちろん英語ですが。このような情報は、各クルーズ会社ごとに決まった曜日に更新されるようです。

まんぼうくらぶでは、それらの格安情報を日本語に翻訳して、見やすく編集した上で、〈海外クルーズ直前割引情報〉としてホームページに掲示してくれています。参考までにその画面の一部をお目に掛けましょう。何事も日本語で済ませたい、という向きにはたいへん便利なサービスです。しかし、各クルーズ会社が英語で出す情報より、数日遅れるのは、やむを得ません。あとは、あなたの英語力次第というわけです。